현명한 코칭이 인재를 만든다

현명한 코칭이
인재를 만든다

마크 데이빗 지음

김환영 · 임승옥 · 김주희 옮김

중앙경제평론사

중앙경제평론사
중 앙 생 활 사

Joongang Economy Publishing Co./Joongang Life Publishing Co.

중앙경제평론사는 앞서가는 오늘, 보다 나은 내일이라는 신념 아래 설립된 경제 · 경영서 전문 출판사로서 성공을 꿈꾸는 직장인, 경영인에게 전문지식과 자기계발의 지혜를 주는 책을 발간하고 있습니다.

현명한 코칭이 인재를 만든다
COACHING ILLUSTRATED

초판 1쇄 발행 | 2005년 4월 22일
초판 4쇄 발행 | 2008년 12월 15일

지은이 | 마크 데이빗(Mark David)
옮긴이 | 김환영 · 임승옥 · 김주희(Whanyoung Kim · Seungok Lim · Joohee Kim)
펴낸이 | 최점옥(Jeomog Choi)
펴낸곳 | 중앙경제평론사(Joongang Economy Publishing Co.)

대　표 | 김용주
편　집 | 한옥수 · 최진호
기　획 | 박기현 · 박종운
디자인 | 신경선 · 김선영
마케팅 | 김치성
관　리 | 이세희
인터넷 | 김회승

출력 | 국제피알　종이 | 서울지류유통　인쇄 · 제본 | 태성문화사

잘못된 책은 바꾸어 드립니다.
가격은 표지 뒷면에 있습니다.

ISBN 89-88486-74-9(13320)

원서명 | COACHING ILLUSTRATED

등록 | 1991년 4월 10일 제2-1153호
주소 | ⑦ 100-789 서울시 중구 왕십리길 160(신당5동 171) 도로교통공단 신관 4층
전화 | (02)2253-4463(代) 팩스 | (02)2253-7988
홈페이지 | www.japub.co.kr 이메일 | japub@naver.com | japub21@empal.com
♣ 중앙경제평론사는 중앙생활사와 자매회사입니다.

▶홈페이지에서 구입하시면 많은 혜택이 있습니다.

※ 이 도서의 국립중앙도서관 출판시도서목록(CIP)은 e-CIP 홈페이지(www.nl.go.kr/cip.php)에서 이용하실 수 있습니다.(CIP제어번호: CIP2005000659)

　　어떤 회사나 조직이든 간에 가장 중요한 자산은 바로 그곳에서 일하는 사람들이다. 이렇게 가장 중요한 자산인 사람을 관리할 수 있는 '코칭'은 날로 중요해지고 있다. 회사나 조직 내에서 동료와 부하 등 주변사람들에게 코칭을 하는 것은 곧 그 조직의 성장과 발전에 원동력이 되는 개개 구성원들의 성장과 발전으로 연결된다. 그것은 또한 조직 내에서 코칭을 행하는 사람의 성공으로도 이어진다.

　　이 책은 이와 같이 조직 내에서 성공을 지향하는 사람들의 코칭 능력 향상과 업무처리 능력 향상을 위해 쓰여졌다. 그러나 하루아침에 훌륭한 코칭 기술을 가진 뛰어난 코치가 될 수 있는 것은 아니다. 뛰어난 코치가 되기 위해서는 지속적인 자기계발을 통해 자신을 발전시켜가야만 한다.

　　나는 비즈니스 현장에서 변화전문가로서 자신의 코칭 능력을 발전시켜왔다. 또한 이러한 코칭 능력을 통해 수년간 조직의 구성원들과 기업의 생산성 향상과 이익 증대가 가능하도록 지도하기도 했다. 일선 기업들에서 코칭의 역할은 나날이 중요해지고 있다.

　　이 책은 조직의 모든 구성원들이 스스로 코칭의 올바른 기초를 확립할 수 있도록 성공적인 코칭의 30가지 기본 원리를 제시하고 있다. 이 책에 소개된 30가지 코칭 기술을 통해 당신은 현재 자신이 처한 모든 상황을 보다 효율적으로 다룰 수 있게 될 것이다. 이 책에서 다루는 30가지 코칭 기술을 익히는 것은 그리 어렵지 않다.

이 책에서는 학습과 목표 달성을 보다 쉽게 해주는 시각화(visualization) 기법을 이용해 30가지 코칭 기술에 대해 이미지를 먼저 보여준다. 그리고 각 기술의 정의와 그 기술이 실제 비즈니스 현장에서 어떻게 구현되었는지를 사례를 통해 확인할 수 있도록 했다. 이러한 구성은 코칭에 대한 당신의 학습과 이해, 그리고 실행을 도울 것이다.

또한 이런 방식은 비즈니스 현장에서 매우 높은 효과를 보였다. 이미지를 사용함으로써 학습의 정도를 확인하고 새로운 기술을 보다 쉽게 습득할 수 있다. 팀을 이뤄 활동하는 것에 대한 이해와 경험이 부족한 사람들은 이 책을 통해 자신을 훈련시킬 수 있다. .

이와 같은 과정을 통해 아 책은 보다 빠른 시간에 당신이 성공적인 성과를 올릴 수 있는 길로 안내할 것이다.

이 책에서 30가지 코칭 기술이 소개될 때마다 옆에 있는 캐릭터를 계속해서 보게 될 것이다. 이 캐릭터에 당신 자신을 매치시켜라. 각각 새로운 코칭 기술이 나올 때마다 자신이 속한 팀에서 코치가 되어 코칭을 행하는 자신의 모습을 이미지화하라.

이 책을 통해 당신이 진정한 코치로 거듭나길 기대한다.

Mark David 마크 데이빗

P.S. 이 30가지 코칭 기술은 가족과도 함께 할 수 있다. 우리 가족은 30가지 코칭 기술을 생활 속에서 실천하면서 많은 긍정적인 변화를 경험했다. 당신도 가정에서 나와 같은 변화를 경험하길 바란다.

　이 책은 당신 자신과 타인을 효과적으로 변화시켜주기 위한 책이다. 이 책에는 보다 의미 있고 생산적인 삶을 살고자 하는 사람들에게 도움이 되는 코칭 기술(skill)이 나와 있다.

　이 책의 저자인 마크 데이빗은 세계적으로 인정받는 코치이다. 그는 자신의 15년간에 걸친 다양한 코칭 경험에서 검증된 내용을 30개의 코칭 기술로 집약해 이 책에서 독자들에게 소개하고 있다. 따라서 이 책을 접하는 사람들은 아주 빠른 시간에 세계적 수준의 코칭 기술을 자신의 것으로 만들어 자신뿐만 아니라 타인의 잠재력까지도 개발할 수 있는 훌륭한 코치가 될 수 있다.

　이 책에서 소개하고 있는 30개의 코칭 기술은 저자가 AT&T, 찰스 슈왑(Charles Schwab), 넥스텔 커뮤니케이션스(Nextel Communications), 웰즈 파고(Wells Fargo)와 같은 세계적인 기업에서 코칭 활동을 하면서 놀라운 성과를 경험한 것들이다.

　자신의 삶과 주변 사람들의 삶까지 긍정적으로 변화시키는 '코칭'은 1990년 이후 전세계적으로 주목받기 시작했다. 이 책은 그러한 코칭에 대해 단순한 이론만 나열하는 것이 아니라 독자들이 보다 쉽게 접할 수 있도록 각각의 코칭 기술을 '일러스트'를 통해 소개하고 있다. 일러스트는 재미 있을 뿐만 아니라 코칭 기술의 핵심적인 내용을 담고 있어 코칭 기술 하나 하나에 대해 보다 빠르고 보다 쉽게 이해할 수 있게 도와준다. 또한 '정의' 를 통해 각각의 코칭 기술에 대해 좀더 자세히 설명하고 있으며, 코칭 기술 이 실생활에서 어떻게 구현될 수 있는가 하는 '사례'도 같이 다루고 있다.

이 책에서 소개하는 30개의 코칭 기술을 모두 자신의 것으로 만들기 위 해서는 우선 하나의 새로운 코칭 기술이 소개될 때마다 '기술'을 먼저 읽고 난 후, 그 위에 있는 일러스트를 차분히 보는 것이 좋다. 일러스트를 천천 히 보면서 그것을 시각화(visualization)하는 것이다. 그냥 쓱 보고 지나가 는 것이 아니라 자신의 머릿속에 완전히 저장시켜 일러스트를 보지 않고도 그것을 그려낼 수 있을 정도로 각인시켜라. 그런 다음 자신을 일러스트 속 의 주인공으로 만들어라. 다음으로 코칭 기술에 대한 정의는 곱씹어 읽으 면서 의미를 파악하는 가운데 자신의 경험과 상황에 비추어 최대한 자기화 하는 것이 좋다. 이어서 소개되는 각각의 사례에서는 자신, 혹은 주변 사람 의 사례와 비교하며 유사성과 차이점을 찾아보도록 한다. 이런 과정을 통 해 30개의 코칭 기술을 다양한 상황에 적용할 수 있게 된다.

또한 30개의 코칭 기술은 각각 5개씩 묶어서 점검할 수 있도록 되어 있다. '점검'을 할 때는 책의 앞부분을 보지 않고 자신의 학습상황을 온전히 점검하도록 한다. 만약 이때 제대로 기억나지 않는 코칭 기술이 있다면 다음 코칭 기술로 나가기 전에 다시 한번 앞의 코칭 기술을 익힐 수 있도록 한다. 이러한 점검 과정을 통해 코칭 기술을 내면화해 실질적인 행동으로 나아갈 수 있게 된다.

이런 식으로 30개의 코칭 기술을 모두 익힌 후에는 자신만의 고유한 코칭 기술을 개발해보는 것도 좋다. 이 책의 맨 뒤에 마련된 공간을 이용해 자신이 개발한 코칭 기술을 적어보거나, 혹은 자신의 새로운 코칭 기술을 기록할 노트를 마련해 당신의 샘솟는 아이디어를 밖으로 꺼내보기 바란다. 그러다 보면 어느새 자신도 모르게 훌륭한 코치로 변화한 자신과 만날 수 있을 것이다. 무엇이든 시작이 반이다. 이 책은 당신이 뛰어난 코치로 성장할 수 있는 디딤돌과 같은 역할을 할 것이다.

김환영 · 임승옥 · 김주희

차례 ■ ■ ■ ■ Table of Contents

01 자신의 **비전**을 **확산**시켜라

성공적으로 코칭 기술을 수행하는 사람들은 매 분기가 시작될 때마다 자신만의 새로운 비전을 가진다. 동시에 자신이 가진 비전을 팀의 비전으로 만들고자 한다면 비전에 대해 팀의 모든 사람들이 이해하고 납득할 수 있도록 확실히 제시하고 설명해야 한다. 그럴 때 당신의 비전이 곧 팀의 비전이 될 수 있다.

팀원들에게 당신의 비전을 확실히 이해시키고자 한다면 매일, 매주, 매달, 매분기마다 비전에 대해서 자주 이야기하라. 사람들은 같은 배를 탔다고 생각하면 전체의 비전을 이해하고 그것을 이루기 위해 자신이 무엇을 해야 할지를 확실히 알게 된다. 이러한 기술은 팀 전체에 아주 높은 수준의 동기부여가 이루어지게 한다. 또한 그 결과로 팀의 수행능력은 높아진다.

분기별 마케팅 전략을 사전에 계획해 자신의 비전을 팀에 알려라. 그러한 전략

실행에 도움이 되는 몇 가지 방법이 있다.

1. 당신의 비전을 반복하는 음성메일을 남기고 그 비전을 달성하는 과정에 새로운 팀원을 구축하라. 팀원들의 노력을 칭찬하고 그들이 더욱 열심히 도전하도록 만들어라.

2. 비전과 관련된 팀원들의 성공담과 최근 행사에 대한 정보를 이메일을 통해 알려라.

3. 팀이 비전에 계속 초점을 맞출 수 있도록 매월 뉴스레터를 만들어라. 뉴스레터에서는 뛰어난 공헌에 대한 표창, 헌신 등의 내용을 다뤄라.

4. 고객들과의 인터뷰를 오디오로 녹음하거나 비디오로 녹화해 나중에 팀과 함께 확인하고 의견을 나눠라. 이러한 과정을 통해 팀원들은 보다 넓은 시야로 자신의 노력을 어디에 더 기울여야 하는지 알게 된다.

5. 팀의 비전과 그 비전을 달성하기 위한 각 팀원들의 노력에 대해 논의할 수 있는 정기적인 팀 모임을 계획하라.

⠇ 사례

작지만 내실 있는 회사를 운영하는 한 여성 경영자는 회사를 한 단계 더 발전시킬 팀을 구성하려 했다. 그녀는 회사를 현재보다 2배 정도 큰 규모로 만들어 100만 달러 이상의 수익을 낼 수 있는 뛰어난 수행능력을 가진 팀을 만들고자 했다.

그녀는 그러한 자신의 비전을 이루기 위해 슬로건을 만들었다.

"혼자서는 할 수 없지만 함께라면 할 수 있다!"

그녀는 자신의 비전을 팀원들에게 알리고 그들의 이해를 구하기 위한 작업을 했다. 우선 팀원들 각자의 역할이 비전에 어떠한 영향을 주는지를 설명하는 미팅을 했다. 그리고 비전을 더욱 잘 묘사하기 위해 퍼즐로 된 포스터를 만들었다.

각각의 퍼즐 조각은 팀원들 각자의 독특한 재능을 나타내고 비전을 달성하기 위해 조각들이 어떻게 맞추어지는지를 보여준다. 또한 퍼즐 그림과 슬로건이 인쇄된 스웨터도 주문했다. 그 이후 모든 메모에는 그 퍼즐 그림이 포함되었다. 팀이 발전함과 동시에 퍼즐 조각들도 점점 완성되어갔다.

마지막으로 그녀는 팀 미팅에서 어떠한 활동을 할 것인지도 계획했다. 그녀가 계획한 활동은 비전에 대한 팀의 의식을 발전시키기 위한 것이었다.

비전은 독창적이고 즐거우며 혁신적인 방법으로 분명하게 그리고 자주 팀원들에게 다가왔다. 그래서 그들은 비전을 완전히 이해하고 끝까지 지지할 수 있었다.

02 **위대한 코치**가 될 수 있는 열쇠는 **진실**이다

성공적으로 코칭을 수행하기 위해서는 정직과 진실이 갖는 가치를 알아야 한다. 정직이야말로 팀을 전진하게 해서 원하는 목표를 달성할 수 있게 하는 원동력이다. 진실은 팀원들이 잠재력을 발휘하게 하고 발전을 가져온다.

팀의 코치가 되어 먼저 모범을 보여라. 지키지 못할 약속이나 과장된 말을 하지 말라. 팀원들에게 부정직함이 가져올 결과에 대해 사전에 경고하라.

정직과 진실이 업무의 기본이 되게 하라. 그러면 어떠한 도전 상황에서도 팀은 하나로 뭉칠 수 있게 된다.

로라는 총지배인에게서 그녀가 팀에서 가장 높은 봉급을 받고 있다는 말을 들었다. 또한 그는 로라에게 그녀야말로 팀에서 가장 소중한 인재라는 말도 했다.

로라는 자신이 맡은 역할과 해야 할 일들을 즐기면서 했다. 그리고 힘든 업무에 대한 총지배인의 지원에 고마워했고, 그의 지지자로서 행동했다.

그러던 어느 날 같은 팀의 일원이자 동료인 자크가 회사를 그만두게 되었다. 송별파티에서 로라와 자크는 회사와 서로의 미래계획에 대해서 이야기했다. 그들은 서로의 급여에 대해서도 이야기하게 되었고, 로라는 자크가 최근에 자신보다 더 많은 급여를 받았다는 사실을 알게 되었다. 그 차이는 비록 얼마 안 되었지만 로라는 총지배인이 자신에게 진실을 말하지 않았음을 깨달았다.

그 일을 계기로 로라는 그간 자신과 총지배인이 쌓아왔다고 여겼던 신뢰 관계에 대해 회의하게 되었고, 그가 자신에게 진실을 말하지 않은 저의를 의심하게 되었다. 이후 로라와 총지배인의 관계는 적대적으로 변해갔다. 로라는 총지배인을 회사에서 내쫓으려는 내부운동도 시작했다.

총지배인이 로라에게 한 거짓말은 아주 사소한 것일 수도 있다. 그러나 그는 그 거짓말로 인해 팀원의 신뢰를 잃고, 자신의 진실성에 대해서도 의심받게 되었다. 또한 자신의 총지배인 자리에 대해서도 위협받는 상황을 초래했다. 그는 이 사건으로 다음과 같은 중요한 2가지 코칭 기술을 배울 수 있었다.

1️⃣ 항상 진실만을 말해야 한다.

2️⃣ 팀원들은 자신들이 관리자나 경영진들과 한 이야기에 대해 반드시 다른 팀원들과 이야기한다.

03 인기가 아닌 **신뢰**와 **존경**을 쌓아라

좋은 코치가 되고자 한다면 절대로 사람들의 인기를 원하지 말라. 팀을 이끌어가기 위해서는 인기가 아닌 사람들의 존경을 얻는 방법을 배워야 한다.

팀원들은 '예스맨'이 아닌 유능한 지도자를 원한다. 또한 그들은 자기 자신에게만 이로운 것을 찾기보다는 회사를 위해 어떻게 하는 것이 가장 좋은지 아는 사람이 팀을 운영하기를 바란다. 당신이 스스로와 팀원들을 존경하면서 공정하게 관리한다면 팀원들은 당신의 능력에 대해 신뢰할 것이다.

만약 팀원들이 자신들의 리더를 신뢰하지 않는다면 그 조직에서는 쉴새없이 충돌이 일어나게 된다. 신뢰와 존경이 깨지면 회사 내의 협력이 무너지며 분열이 생긴다. 신뢰와 존경이야말로 견고한 팀과 회사를 만드는 근본이다.

매각이 진행되고 있던 한 회사의 부사장인 하워드는 매각발표 이후 생산력이 크게 떨어지고 있다는 사실을 알게 되었다.

그래서 그는 직원들과 미팅을 했고, 회사가 매각되면 직원들이 직장을 잃게 되지는 않을까 하는 불안감에 회사의 목표에 집중하지 못하고 있다는 점을 이해하게 되었다. 매각 소식은 직원들을 감정적으로 만들었고, 정신적인 충격을 받은 직원들은 불안한 미래로 인해 업무를 거부하기까지 했다.

하워드는 조직의 리더로서 직원들이 현재의 회사 목표에 집중할 수 있는 활동을 계획했다. 매일 오전 8시에 '기술교육'을 실시하는 모임을 소집한 것이다. 교육은 직원들이 직장을 잃을지도 모른다는 불안감을 조금이라도 없앨 수 있도록 업무능력을 증진시키는 데 초점을 맞춘 것이었다.

하지만 처음엔 아무도 그 교육에 참여하려 하지 않았다. 교육을 계획한 하워드에 대한 평가는 오히려 낮아졌고, 직원들은 회사 매각에 대비해 앞날을 준비하기보다는 단순한 피해자가 되는 길을 택하려는 듯 보였다.

그러나 교육을 시작하고 한 달 정도 지나자 직원들은 다시 회사의 목표에 집중할 수 있게 되었다. 하워드와 직원들은 지금까지의 그 어느 분기보다 가장 생산성이 높은 분기를 맞이할 수 있었다. 그 결과 직원들은 보너스를 받을 수 있었고, 회사 매각 계획은 취소되었다. 하워드의 계획은 비록 처음에는 인기가 없었지만 결과적으로 그는 직원들의 더 깊은 신뢰와 존경을 얻게 되었다.

주변사람들을 최고 수준으로 코칭하는 열쇠는 그들이 혼돈의 피해자가 되게 내버려두지 않고 혼돈 속에서도 올바른 길로 가도록 이끄는 것이다.

04 뛰어난 성과를 올린 사람과 **시간을 보내라**

정의

경영자나 관리자들은 한정된 시간으로 인해 모든 직원들에게 동일한 분량의 시간을 할애할 수 없다. 조직의 군살빼기를 위해 기업들은 갈수록 인원을 감축하고 있어 한 사람이 2~3명 몫의 일을 해야만 하는 상황이다.

이런 상황에서 사용할 수 있는 좋은 코칭 기술은 당신에게 최고의 결과를 돌려줄 수 있는 팀원에게 시간을 할애하는 것이다. 조직에서 뛰어난 성과를 올리는 사람들은 대개 20~30%이다. 이 사람들에게 시간을 투자하면 그들은 더 나은 결과를 돌려준다. 그들이 올리는 성과는 다른 팀원들에게도 좋은 본보기가 된다. 그들로 인해 또 다른 뛰어난 성과를 올리는 사람들이 나오게 된다.

뛰어난 성과자들은 기업의 명성을 확립하고 기업의 경쟁력을 확보하게 해준다. 기본적으로 그들은 전체 팀을 위한 성과의 표준을 만든다. 그러나 뛰어난 성과를 올리지 못하는 주변 사람들은 반대의 행동을 한다. 그들은 전체 팀의 사기를 저하시키고 팀의 성과를 보통이나 그 이하에 머물게 한다. 이런 사람들에게 많은 시간을 할애해서 뛰어난 성과자들과 충분한 시간을 갖지 못하는 실수를 해서는 안 된다.

이런 사람들에게는 개인적인 훈련이나 집단 훈련을 통해 뛰어난 성과를 올리는 사람으로 변화할 수 있는 기회를 제공해야 한다. 훈련을 통해 그들 또한 성공으로 도약할 수 있도록 해야 하는 것이다. 만약 그런 기회를 제공했음에도 그들이 기대치 만큼의 성과를 올리지 못한다면 그들은 조직을 떠나는 편이 낫다.

모든 팀원들이 성공에 대한 동기를 부여받도록 팀 내에 뛰어난 성과의 표준을 세우는 것도 필요한 코칭 기술 중 하나이다.

⬡ 사례

영업부장인 짐은 신입사원 맥스를 고용했다. 그런데 맥스가 팀에 합류한 지 얼마 지나지 않아 팀 전체의 사기가 저하되고 판매량과 생산성이 점진적으로 떨어지기 시작했다. 맥스는 팀 전체의 분위기를 해치고 있었다. 그래서 짐은 맥스의 문제점을 해결하기 위해 그에게 많은 시간을 할애했지만 그는 자신이 배운 것을 전혀 실행하지 않았다. 오히려 그는 자신이 열등한 성취자로 보이지 않게 하기 위해 모든 사람을 자신의 수준으로 끌어내리려 노력했다. 짐은 처음에는 맥스에 대해 객관성을 유지하지 못해 팀 내에서 벌어지고 있는 상황의 실체를 볼 수 없었다.

그러던 어느 날 짐은 회의실을 지나다가 맥스가 팀의 최고 성과자들 중 2명에게 회사와 한 신제품에 대해서 부정적으로 이야기하는 것을 듣게 되었다. 그는 바로 맥스를 불러 미팅을 하며 그의 행동에 대해 질책했다. 맥스는 그러한 사실을 완강하게 부정했지만 결국 회사를 떠나는 것에 동의했다.

맥스가 회사를 떠난다는 사실이 알려지자 팀원들은 짐에게 한결같이 말하기 시작했다. "왜 그렇게 오래 걸렸습니까? 왜 더 빨리 맥스를 해고시키지 않았나요? 왜 우리에게 시간을 할애하는 것을 멈췄나요? 맥스가 우리의 성취에 얼마나 많은 영향을 끼쳤는지 아십니까?"

짐은 이 사건을 통해 뛰어난 성과를 올리는 사람들을 잘 관리하는 한편 그렇지 못한 사람들 또한 발전할 수 있도록 도와줘야 한다는 것, 그리고 만약 그들이 팀 전체의 분위기를 해치고 있다면 팀과 그들 자신을 위해 오히려 그들에게 새로운 직업을 안내해줄 필요가 있다는 사실을 알게 되었다.

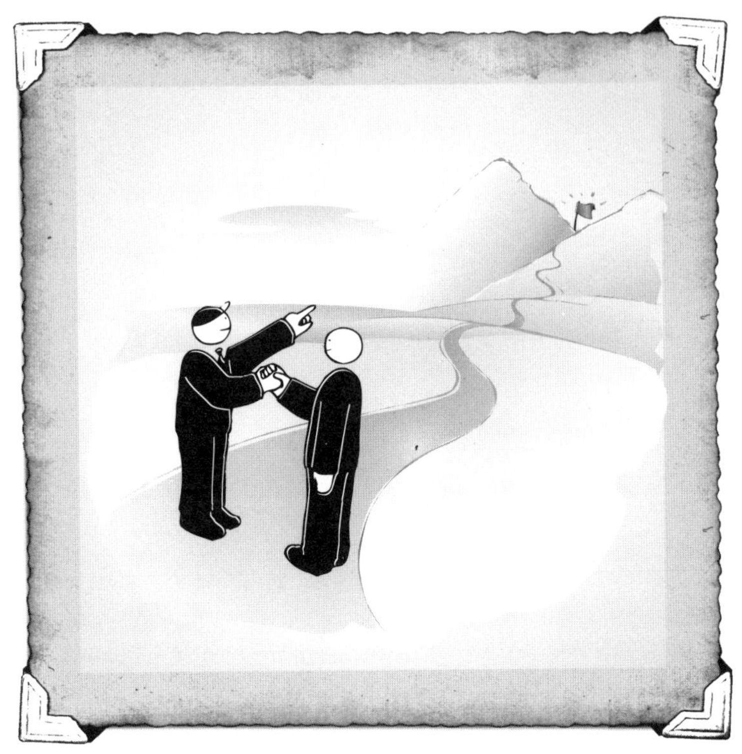

05 강력하고 **장기적인 파트너십**을 구축하라

팀원들과 강력하고 장기적인 파트너십을 구축하는 것 또한 필요한 코칭 기술 중 하나이다. 이러한 관계를 구축하는 것은 코칭을 행하는 사람과 팀원들이 함께 일하며 다음 단계로 나아갈 수 있는 기반을 만든다.

강력한 파트너십은 모든 사람에게 안정감을 가져다 준다. 팀원 개개인과 강력하고 지속적인 파트너십을 구축하면 팀원들은 항상 당신을 우선순위로 생각하게 된다. 오랜 시간에 걸쳐 갈등, 도전, 보람 등을 함께 겪을 때 비로소 강력한 파트너 관계가 구축될 수 있다. 좋을 때나 나쁠 때나 함께 하는 것은 관계를 강하게 만든다.

강력하고 장기적인 파트너십을 구축하기 위한 몇 가지 핵심적인 방법들이 있다

1 공동의 비전을 공유하고 가능한 자주 검토하라.

② 파트너 관계에서 서로의 역할을 확실히 하라.

③ 서로의 강점과 약점을 이해하라. 장기적인 파트너 관계는 타협과 수용에 기초를 두고 있다는 사실을 기억해야 한다.

④ 정직을 우선으로 하고, 기대에 못 미치는 결과에 대해서는 만족하지 마라.

⑤ 함께 즐길 수 있는 재미있는 시간을 가져라. 유머는 파트너 관계를 유지하는 데 도움이 된다.

⑥ 파트너 관계를 유지하는 데 필요한 시간을 확실히 투자하라. 서로 더 많은 시간을 투자할수록 파트너 관계는 더욱 강해진다.

∴ 사례

한 소규모 회사를 인수한 '포춘50'에 속하는 회사는 그 회사의 문화에 커다란 변화를 가져왔다. 가족 같은 분위기였던 그 소규모 회사는 이제 낯선 리더들에 의해 경영 중심의 회사로 변해갔다.

기존의 직원들은 이런 변화가 달갑지 않았다. 그리고 한편으로는 변화한 새로운 환경 속에서 자신들의 앞날이 어떻게 될지 궁금해했다.

'포춘50'에 속하는 회사의 회장은 변화가 가져오는 파장을 최소화하기 위해서는 지속적인 파트너십을 구축할 필요가 있다고 여겼다. 그는 직원들에게 회사의 비전을 알리는 한편 앞으로 닥쳐올지도 모를 예상되는 장애물에 대해서도 이야기했다. 또한 앞으로 지속적인 변화가 필요하다는 사실을 인식하고 한 팀으로서 함께 일하며 성공과 실패를 통해 다같이 배우며 발전하자고 주장했다.

기존 직원들의 절반 정도는 이런 변화가 자신들을 위한 것이 아니라 여기고 회사를 떠났다. 나머지 직원들은 회장의 비전과 새로운 리더십을 믿고 회사에 남았고, 함께 일하며 성공을 향한 더 많은 기회를 얻기를 바랐다.

그 결과 그들은 새로운 조직과 지속적인 파트너 관계를 형성할 수 있었고, 많은 사람들이 성공의 기회를 잡을 수 있었다. 특히 그들 중 3명은 남다른 성공을 거둬 현재 자신의 분야에서 회사의 최고 자리에 위치하고 있다. 이것은 그들이 새로운 조직과 지속적인 파트너십을 구축하는 것의 중요성을 깨닫고 회사에 남았기 때문에 가능한 일이었다.

앞서 소개한 코칭 기술을 이미 알고 있다 해도, 각각의 코칭 기술을 이해하고 익혀서 자신의 것으로 만들지 않으면 소용이 없다. 당신이 익힌 코칭 기술은 당신이 현재 하는 일에 반영되어야 의미가 있다. 또한 그러한 코칭 기술을 습관처럼 사용할 수 있어야 한다. 코칭 기술을 당신의 습관으로 만드는 데 도움이 되도록 이 페이지를 활용하라.

먼저 각 그림에 일치하는 코칭 기술을 적어라. 그리고 이 코칭 기술을 과거에 사용한 적이 있다면 어떻게 사용했는지, 혹은 앞으로 이 코칭 기술을 어떻게 사용할 것인지 적어보라. 이런 과정을 통해 당신은 보다 더 쉽게 자신의 세계에서 이 코칭 기술들을 사용할 수 있게 될 것이다.

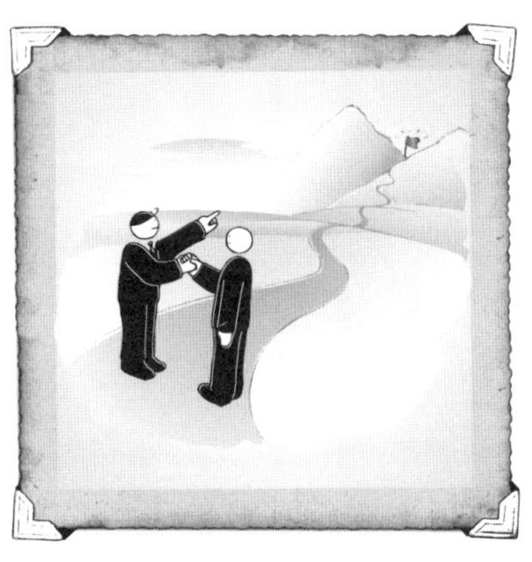

코칭 기술

경험 및 계획

코칭 기술

경험 및 계획

코칭 기술

경험 및 계획

코칭 기술

경험 및 계획

코칭 기술

경험 및 계획

06 **큰 비전**을 가져라

회사나 조직에서 일하는 대부분의 사람들은 자신이 맡은 일정한 역할에만 집중하기 마련이다. 팀원들이 자신이 맡은 역할에 충실한 것은 회사나 조직이 성공하기 위한 기본이다. 그러나 보다 중요한 것은 각 팀원들이 '큰 비전'을 갖는 것이다.

팀원들이 '큰 비전'을 갖도록 코칭하는 데 도움이 될 몇 가지가 있다.

1 팀원들이 '큰 비전'을 갖게 하기 위해서는 우선 자신이 먼저 사고의 폭을 넓혀야 한다.

2 일상의 기적을 이루는 사고의 이면에는 감정이 숨어 있다.

3 감정보다는 바람직한 생각, 아이디어, 목표를 우선으로 하는 올바른 질문을 하라. 예를 들면 "나는 왜 이것을 성취하기를 원하나? 이것은 내게 왜 중요한가? 만일 이것을 이룬다면 나는 어떤 감정이 될까?"와 같은 질문이다.

　　팀원들에게 '큰 비전'을 갖도록 코칭함으로써 조직 전체의 창의성을 배가해 혁신을 이룰 수 있다. 또한 팀원들과 아이디어를 공유함으로써 목표를 초과달성할 수 있는 능력을 발전시킬 수 있다.

⁂ 사례

　　판매 전문가인 크리스틴은 월평균 매출이 약 2만 5천 달러 정도 되는 지방의 한 작은 개인 회사에서 일하고 있다.

　　그곳에서 몇 개월 동안 근무한 후 그녀는 동종업계에서 상당한 이익을 보는 국유회사들이 있다는 사실을 알게 되었다. 국유회사에서는 자신들의 제품에 대한 사용권을 제공함으로써 이익을 보고 있었다.

　　그녀는 현재 자신의 회사규모와 시장점유율이 국유회사들에 훨씬 못미침에도 불구하고 경쟁력이 있다고 생각했다. 그녀는 '큰 비전'을 가지고 위험부담을 감수하면서 회사의 현재 마케팅 전략에 변화를 가져오기로 결심했다.

　　치밀한 조사와 연구를 한 후 그녀는 제품에 대한 사용 허가서를 계산해내는 표준공식을 만들어낼 수 있었다. 그리고 그것을 발표할 프레젠테이션을 준비했다. 그녀는 자신이 만들어낸 공식을 완벽하게 전달할 수 있도록 연습에 연습을 거듭했다. 또한 자신의 상사와 함께 공식을 끊임없이 개선했으며 그의 후원도 약속받았다.

　　그녀는 모든 준비가 완벽하게 끝나자 판매에 목표를 맞춘 최고의 프레젠테이션에 대한 제안서를 회사에 제출했다. 회사는 그녀의 계획에 대해 허가했고, 그 결과 그녀는 회사 최초라 할 수 있는 큰 규모의 거래를 성사시킬 수 있었다. 이 일은 모두 그녀가 '큰 비전'을 갖고 끝까지 포기하지 않았기 때문에 이뤄질 수 있었다.

07 자신이 기대하는 바를 명확하게 전달하라

정의

당신의 팀원들은 당신이 무엇을 원하는지 알지 못한다. 당신이 팀원들에게 무엇을 기대하고 있는지 명확하게 밝혀라. 당신이 뚜렷한 방향을 제시해야만 팀원들은 자신들이 가야 할 길을 확실히 알 수 있다. 팀원들에게 업무 수행에 있어 당신이 바라는 바를 전달하라. 또한 목표를 달성하기 위해 취해야 할 다음 행동 단계를 제공하라. 긍정적인 방식으로 당신의 기대를 주장하라. 만일 당신이 부정적인 방식으로 행동한다면 그것은 팀원들 모두에게 전달될 것이다.

시작하면서 분명한 기대치를 설정하는 것은 팀원들의 이동을 막을 수 있다. 팀의 구성원을 선발할 때 지원자들에게 그들이 팀원이 되었을 때 기대받는 업무 활동에 대해 확실한 설명을 할 필요가 있다. 일단 팀원을 선발하면 처음 90일 동안은 그들에게 기대하는 바를 계속 말하라. 또한 그들이 다음 단계로 발전하기 위해서는 어떤 기술이 필요한지도 알려줘라. 그들이 그것을 제대로 이해하면 피드백을 요구하라. 만약 필요하다면, 다시 한번 그들에 대한 기대를 확실히 하라. 기대가 분명할수록 팀원들의 잠재된 가능성은 더 많이 발현된다.

팀원들이 당신이 기대하는 바를 분명히 안다면 그들은 자신들의 모든 에너지, 감정, 지식 등을 동원해 업무를 수행하며 당신의 기대를 달성하기 위해 노력할 것이다. 이러한 집중된 노력은 적은 시간에 더 많은 성과를 이룰 수 있게 한다.

∴ 사례

톰은 매우 똑똑하고 잘 교육받은 관리자였다. 그러나 그의 팀은 업무수행능력이 그다지 좋지 못했다. 톰이 관리하는 팀의 업무수행능력을 향상시키기 위해 한 컨설턴트가 고용되었다. 컨설턴트는 톰과 몇 차례 미팅을 한 후 톰이 자신이 기대하는 바를 팀원들에게 전달하는 과정에 문제가 있었음을 알게 되었다.

톰은 지금까지 매년초에 그 해에 달성해야 할 새로운 목표를 팀원들에게 발표했다. 그리고 계획한 대로 업무가 진행되지 않을 때만 팀원들과 목표에 대해 검토해 왔다. 컨설턴트는 톰에게 "어째서 당신의 기대에 대해 팀원들과 더 자주 논의하지 않았나요?"라고 물었다. 그러자 톰은 "그들은 모두 성인이고 똑똑합니다. 그래서 나는 그에 걸맞게 그들을 대합니다. 내가 나에게 기대되는 바를 알듯이 그들도 자신들에게 기대되는 바를 알고 있을 것입니다. 매번 기대치를 검토하는 것은 그들을 믿지 못하는 태도입니다. 또한 내게는 팀의 세세한 점을 일일이 관리할 만한 시간이 없습니다."

컨설턴트는 톰에게 기본으로 돌아가도록 충고했다. 컨설턴트는 자신이 팀원들과 만나본 결과 팀원들은 톰을 존경하고 있으며 그를 위해 업무를 훌륭히 해내기를 원하고 있다는 것을 톰에게 알려줬다. 단지 톰에게 부족한 것은 자신이 팀원들에게 기대하는 바를 정기적으로 분명하게 전달하는 능력일 뿐이었다. 톰은 컨설턴트의 조언을 받아들여 자신이 기대하는 바를 팀원들에게 분명히 전달하기 시작했다.

그러자 90일쯤 뒤부터 탐의 업무수행능력이 눈에 띄게 향상되었다. 톰은 이번 일을 계기로 팀을 이끌어 가는 데 개개인이 갖고 있는 지식과 경험은 그리 중요하지 않다는 사실을 알게 되었다. 그보다는 적절한 지도와 즉각적인 피드백이 필요하다는 사실을 깨달았다. 또한 성공적으로 코칭 활동을 해서 팀을 이끌어가는 리더는 팀의 업무수행능력을 향상시키기 위해 정기적인 피드백을 제공한다는 사실도 알게 되었다.

08 왜 이 일을 해야 하는지를 설명하라

왜(Why)=이해(Understanding)=최대한의 노력(Maximum Effort)=향상된 결과 (Increased Results).

팀원들이 어떤 업무에 대해 그것을 '왜' 해야 하는지를 확실히 이해하면 그들은 그 업무를 수행하는 데 필요한 동기를 부여받게 된다.

팀원들에게 '왜'를 설명하는 시간을 가져라. 그렇게 하면 팀원들은 그들에 대한 당신의 존경을 이해하고 안정감을 가지며 당신이 하고자 하는 일에 보다 많은 관심을 갖게 된다. 따라서 업무를 수행하는 속도도 빨라진다.

'왜'를 팀원들에게 설명하는 것은 당신이 팀을 올바로 이끌고자 한다는 사실을 나타낸다. 이것은 팀원들의 능력을 일깨우고 조직에 대한 충성도를 높이며 직무에 대한 이해가 깊어지게 한다. '왜'를 설명하는 것은 팀원들에게 결정할 일에 대한 근거를 제공하기도 한다. 이와 같이 팀원들에게 '왜' 이 일을 해야 하는지를 설명하는 것은 긍정적인 결과를 가져온다.

중요한 프로젝트를 팀원에게 맡길 때는 해당 프로젝트에 대해 확실히 설명해 그가 분명히 이해하도록 하라. 또한 피드백을 구하는 것도 잊어서는 안 된다. '왜'를 설명하는 것은 미래에 일어날지도 모를 실수를 막는 가장 좋은 방법이다.

🝔 사례

한 최고의 판매 전문가는 판매 가능성이 있는 고객에 대한 구체적인 판매 계획안이 필요했다. 그래서 그는 점심을 먹으러 가면서 부하직원에게 1시간 안에 그 일을 해놓도록 지시했다. 그는 부하직원의 오후 업무량이 어느 정도나 되는지 파악하지도 않고 단지 자신이 지시한 일을 하도록 강요했다.

그리고 나서 잠시 후 실적이 별로 좋지 않은 다른 판매 전문가가 그 부하직원에게 자신의 계획안을 타이핑해줄 것을 부탁했다. 그는 '왜' 그 계획안을 빨리 타이핑해줘야 하는지, 그리고 그 계획안이 얼마나 중요한지에 대해 부하직원에게 분명하게 설명했다.

부하직원은 실적이 나쁜 판매 전문가의 설명을 듣고 그의 계획안을 타이핑하는 것을 자신의 오후 업무에서 0순위로 올려놨다.

'왜'를 설명함으로써 실적이 나빴던 판매 전문가는 계획한 대로 판매를 할 수 있었다. 뿐만 아니라 부하직원과 긍정적인 관계를 형성함으로써 계속해서 많은 도움을 받을 수 있었다.

그러나 최고의 판매 전문가는 시간 안에 계획안이 완성되지 못해 자신이 생각했던 대로 판매를 할 수 없었고 부하직원과 긍정적인 관계를 형성하는 데도 실패했다.

09 **책임**을 져라

자신의 행동에 책임을 지는 것은 매우 중요하다. 팀원들에게 기대를 전달하는 것은 코칭을 하는 사람의 책임이다.

코칭을 잘 하는 사람은 전체가 합의한 목표를 달성하기 위해 팀원들도 각자 책임지도록 한다. 목표를 달성하지 못했을 때는 솔직하게 결과를 알린다.

팀원들은 어떤 일을 하는 데 동의하는 것은 곧 그 일에 대해 책임져야 한다는 사실을 명확히 알아야 한다. 이것은 적극적인 동기를 갖게 한다. 팀원들은 자신들이 기대받는 바와 자신들의 위치를 명확히 알게 되면 안정감을 갖게 된다.

팀원들도 책임을 지게 하는 것은 용기가 필요한 일이다. 때로는 목표나 기대를 달성하지 못한 팀원들과 대면해야 한다. 그러나 그런 활동을 함으로써 팀원들은 목표를 달성하지 못했을 때는 당신이 찾기 전에 먼저 당신에게 알리게 된다.

서로 배려하고 지지하며 정직한 분위기에서 팀원들도 책임을 지도록 함으로써 팀은 높은 업무수행능력을 갖게 된다.

이때 중요한 것은 모든 팀원들이 동등하게 책임지도록 해야 한다는 것이다. 만약 단 한 명이라도 책임지는 것에서 예외를 인정한다면 다른 사람들도 책임지려 하지 않게 되고 당신은 신뢰를 잃게 될 것이다. 모든 팀원들에게 동등한 책임을 지우는 것은 성과에 대해 일관된 표준을 만드는 것이다.

⁜ 사례

사라는 150만 달러나 적자를 낸 회사의 부사장으로 고용되었다. 그녀는 빠른 시간 안에 회사의 체질을 개선해야 했다. 회사가 흑자를 내서 주식을 공개하고 좋은 가격에 매매될 수 있도록 하는 것이 그녀가 해야 할 일이었다.

회사의 전반적인 상황을 검토하던 중 그녀는 판매부장인 리치의 업무수행성과가 지속적으로 저조하다는 사실을 알게 되었다. 리치는 회사의 소유자와 매우 절친한 관계였다. 그래서 소유자는 객관성을 유지하지 못하고 리치의 잘못에 대해서 눈감아주곤 했다.

사라는 일단 리치를 불러 그의 현재 상태에 대해 경고했다. 그리고 그가 자신의 자리에서 성공하기 위해서 해야 할 일들을 설명했다. 두 사람은 리치에게 기대되는 바가 무엇인지, 그리고 그가 어떤 결과를 내야 하는지에 대해 이야기했고, 리치는 자신이 해야 할 일을 분명히 알게 되었다.

그러나 그런 이야기를 나눴음에도 리치는 몇 가지 실수를 저지르게 되었다. 그 실수들은 대수롭지 않은 것이었지만 사라는 당장 그의 행동 개선 방안에 대한 문서를 제출하도록 했다.

기대에 대해 말하기만 했던 회사 소유자의 이전 방식에 익숙했던 리치는 이 일을 계기로 서로 합의한 기대를 달성하는 것의 중요성을 깨닫게 되었다. 그 이후 리치는 사라의 기대를 달성하기 위해 일하게 되었다.

팀원들이 자신의 역할에 대해 책임을 지게 한 사라의 활동은 전체 회사의 업무수행능력을 향상시켰다. 그 결과 얼마 지나지 않아 회사는 주식을 공개할 수 있게 되었다.

10 반응하지 말고 **주도하라**

상황에 반응하지 않고 주도적으로 생각하는 것은 성공을 위한 기본이다. 미래에 대한 계획을 미리 세우는 것은 바로 지금 이 순간이 미래로 연결되도록 한다.

성공적인 코칭 활동을 수행하는 리더들은 주도적인 사고와 행동을 팀을 지도하고 운영하는 원칙으로 삼는다.

팀원들이 앞을 내다보고 나아갈 수 있도록 함으로써 그들의 현재와 미래가 연결되도록 하라. 또한 기회가 현실화되기 전에 미리 여러 가지 가능성을 내다볼 수 있도록 지도함으로써 그들 스스로 자신의 운명을 통제할 수 있게 하라.

팀원들이 1일, 1주, 1개월, 1분기, 1년을 기준으로 자신들의 활동에 우선순위를 정하는 방법을 가르쳐라. 행동을 목표에 맞추게 함으로써 그들은 더 빨리 성공에 도달하는 길을 찾을 수 있게 된다.

제리는 쓰러져 가는 회사의 부장으로 입사했다. 지난 해 성공적으로 업무를 수행하지 못했던 3명의 전임자가 그 자리를 거쳐갔다.

제리는 회사가 직면한 문제에 조직적으로 그리고 주도적으로 접근할 필요가 있다고 여겼다. 그는 입사 후 두 번째 맞는 주말에 회사 전체 회의를 열었다.

그가 세운 첫 번째 목표는 팀원들이 자신감을 회복하는 것이었다. 그리고 그것을 통해 회사가 다시 성공 궤도로 진입하기를 바랐다.

제리는 팀원들과 공유할 4개의 차트를 만들었다. 첫 번째 차트에는 회사가 5개월에 걸쳐 달성해야 할 장기적인 목표를 적었다. 두 번째 차트에는 장기 목표를 달성하기 위해서 5개월의 마지막까지 밟아야 할 단계를 적었다. 세 번째 차트와 네 번째 차트에는 첫 30일과 다음 30일 간 달성해야 할 상세한 계획을 적었다.

제리는 팀원들에게 각각의 계획이 다른 계획과 어떻게 연결되어 있고 모든 팀원들이 어떻게 책임을 지게 되는가를 보여주었다. 그는 각 차트의 사본을 팀원들에게 나눠주고 그 계획들이 어떻게 발전될 수 있을지에 대한 각자의 의견을 1주일 안으로 제출하도록 했다.

그리고 그는 회의에 참가한 한 팀원에게 물었다. "당신은 내가 방금 당신과 함께 나눈 것들을 우리가 해낼 수 있다고 믿나요?"

그러자 질문을 받은 남자는 미소를 보이며 대답했다. "예, 믿습니다. 왜냐하면 당신은 우리에게 미래에 대한 계획을 제공하고 우리의 협조를 부탁했습니다. 또한 이 일에 우리 모두가 책임을 지니고 있다는 것도 알려줬습니다."

제리의 미래 지향적인 해결방안은 조직에 활력을 불어넣었다. 그가 세웠던 5개월 목표는 불과 3개월 만에 달성되었고 회사는 다시 성공을 향한 궤도에 진입할 수 있었다.

앞서 소개한 코칭 기술을 이미 알고 있다 해도, 각각의 코칭 기술을 이해하고 익혀서 자신의 것으로 만들지 않으면 소용이 없다. 당신이 익힌 코칭 기술은 당신이 현재 하는 일에 반영되어야 의미가 있다. 또한 그러한 코칭 기술을 습관처럼 사용할 수 있어야 한다. 코칭 기술을 당신의 습관으로 만드는 데 도움이 되도록 이 페이지를 활용하라.

먼저 각 그림에 일치하는 코칭 기술을 적어라. 그리고 이 코칭 기술을 과거에 사용한 적이 있다면 어떻게 사용했는지, 혹은 앞으로 이 코칭 기술을 어떻게 사용할 것인지 적어보라. 이런 과정을 통해 당신은 보다 더 쉽게 자신의 세계에서 이 코칭 기술들을 사용할 수 있게 될 것이다.

코칭 기술

경험 및 계획

코칭 기술

경험 및 계획

코칭 기술

경험 및 계획

코칭 기술

경험 및 계획

코칭 기술

경험 및 계획

11 **상위 20%** 일에 초점을 맞춰라

정의

업무를 하는 데 있어 갈수록 큰 문제 중 하나가 바로 시간의 부족이다. 성공은 시간을 어떻게 보다 효율적으로 사용할 것인가를 선택하는 능력에 달려 있다. 해야 할 일 중 상위 20%에 해당하는 것은 다른 것들에 비해 최고의 결과를 가져온다. 이 범위에 초점을 맞추게 되면 목표를 초과달성할 수 있다. 해야 할 일 중 상위 20%에 초점을 맞추지 못할 경우 잠재의식에서 경보장치가 울리게 하라.

이것은 시간관리를 가능하게 하는 열쇠이다. 해야 할 일 중 상위 20%는 궤도에서 이탈하는 것을 막아주며 시간을 낭비하지 않도록 한다. 자신이 해야 할 일 각각에 가치를 부여해보라. 시간관리를 저해하는 일들은 시간당 5달러, 10달러, 혹은 20달러 정도의 가치가 있는 반면 상위 20%에 해당하는 일은 시간당 100달러의 가치를 지니고 있을 수 있다. 따라서 만약 시간관리를 저해하는 일들 중 하나를 우선순위로 놓고 한다면 시간당 80달러에서 90달러의 손해를 볼 수도 있다.

성공적인 코칭 활동을 하기 위해서는 해야 할 일 중 상위 20%에 전략적인 사고, 적극적인 문화 창조, 커뮤니케이션, 구성원들의 성장과 발전, 미래의 구성원에 대한 전망 등이 포함되어야 한다. 매일 저녁 앞날을 사전에 계획하기 위한 시간을 갖고, 상위 20%에 해당하는 해야 할 일에 시간을 집중투자하도록 하라.

⁑ 사례

조지는 헬렌의 경영팀의 일원이 되었다. 헬렌은 뛰어난 인력 개발자였고, 조지는 자신의 수행능력을 발전시킬 방안을 찾고 있었기 때문에 그녀 팀의 일원이 된 것이 더할 나위 없이 기뻤다.

조지는 누구나 그렇게 생각하듯이 자신은 정말 열심히 일했다고 생각하고 있었다. 그러나 그는 조직에서 가장 생산성이 낮은 관리자였다.

헬렌은 처음 조지와의 1 대 1 면담에서 그에게 "당신은 매우 근면하고 성실한데 왜 이렇게 생산성이 낮죠? 당신은 어떻게 생각하나요?"라고 물었다.

그녀의 질문에 조지는 "나도 그 이유를 잘 모르겠어요. 이 문제를 내가 해결할 수 있도록 당신이 좀 도와줬으면 좋겠어요"라고 답했다.

헬렌은 조지에게 아래와 같은 2가지 질문을 했다.

1 회사는 당신이 어떤 목표와 목적을 달성하기를 기대하고 있다고 생각하는가?

2 그 목표를 이루기 위해 당신이 해야 할 활동에는 어떤 것들이 있는가?

그리고 나서 그녀는 조지가 그 활동들을 그가 해야 할 일 중 상위 20%에 해당하게 4가지로 분류하도록 했다. 다음에는 조지가 자신의 일일 계획을 작성하도록 했다. 그러면서 그들은 3개월이 넘도록 조지의 활동방향을 잡았다.

조지는 자신이 상위 20%에 해당하는 해야 할 일에는 별로 시간을 들이지 않은 데 비해 오히려 목표를 달성하는 데 별로 도움이 되지 않는 일들에 지나치게 많은 시간을 들인 것을 알게 되었다. 단순히 열심히 일을 하는 것이 중요한 게 아니라 상위 20%의 활동에 시간을 집중하는 것이 중요하다는 헬렌의 조언을 받아들여 조지는 자신의 활동방향을 변화시켰고 그 결과 높은 생산성을 낼 수 있었다.

12 뛰어난 **의사결정자**가 되라

'해야 할 것인가, 하지 말아야 할 것인가?' 'Yes인가, No인가?' '지금 할 것인가, 나중에 할 것인가?'

성공적인 코칭 활동을 하기 위해서는 항상 빠르고 보다 효과적인 결정을 내릴 수 있어야 한다. 또한 자신의 결정이 팀원들과 팀 전체에 어떤 영향을 끼칠 것인지에 대해서도 항상 염두에 두어야 한다.

결정을 내릴 수 있는 충분한 시간이 주어지는 것은 이상에서나 가능한 일이다. 현실에서는 결정을 내리기에 충분한 시간이 주어지지 않는다. 주어진 정보를 토대로 빠른 시간에 결정을 내려야만 한다. 다른 과녁으로 날아가는 화살처럼 때로는 당신의 결정이 잘못된 것일 수도 있다. 그러나 결정을 잘 내릴수록 목표와는 더 가까워진다.

빠른 결정을 내려야 할 때는 직감에 의존하는 것도 한 방법이다. 51% 맞다고 생각되면 그것이 맞는 것이다. 의사결정하는 것을 두려워말라. 만약 잘못된 결정을 내린다 해도 그때는 필요한 조정을 하면 된다.

당신이 어떠한 과정을 통해 그런 결정을 내렸는지를 팀원들에게 보여줘 그들 또한 뛰어난 의사결정자가 되도록 하라. 이렇게 함으로써 팀 전체가 당신의 결정과 부합하는 결정을 내릴 수 있게 된다. 결정을 잘 내릴수록 목표와 비전은 더욱 빨리 달성될 수 있다.

⁝ 사례

주어진 정보를 기초로 빠른 결정을 내리는 것의 가치와, 결정을 내린 후에는 흔들리지 않는 것의 가치를 아주 잘 이해하고 있는 한 부사장이 있었다. 그는 항상 주도면밀한 결정을 내려 세간에 뛰어난 의사결정자로 알려져 있었다.

어떻게 그런 뛰어난 의사결정을 할 수 있는지에 대해 질문하자 그는 다음과 같이 대답했다.

"결정할 일이 생기면 우선 그 문제를 기록하고 그와 관련된 적절한 정보를 얻습니다. 그리고 나서는 가능한 3가지 해결책을 찾아봅니다.

각각의 해결책에 대해 장단점을 검토하고, 그 해결책들이 단기, 중기, 장기적으로 회사와 팀과 나 자신에게 미칠 영향에 대해서도 고려해봅니다. 충분한 검토와 고려 후에 3가지 해결책 중 하나를 선택해 결정하고 바로 행동으로 옮깁니다.

만약 시간이 좀더 주어지면 선택한 해결책을 기록해 책상서랍 속에 넣어둡니다. 그리고 하룻밤 동안 그것에 대해 생각한 후 다시 검토해봅니다. 검토하는 시간 중 약 25% 정도는 조정을 하지만 대부분의 경우 처음 결정을 그대로 밀고 나갑니다.

검토하는 시간은 나를 보다 객관적으로 만들어 감정에 치우치지 않으면서 올바른 답을 찾도록 만듭니다."

13 **성찰**하는 사람이 되라

정의

　코칭을 잘 하기 위해서는 깊이 생각하는 것을 습관화해야 한다. 자신의 과거를 돌아보고 그 속에서 교훈을 찾는 것은 현재와 미래의 성공으로 자신을 이어준다.

　삶에서 명상을 하는 것은 가치 있는 일이다. 미래의 자신을 위해 매일 자신의 활동을 돌아보며 하루를 정리하라. 매주, 매달, 매분기, 매년 이런 활동을 지속적으로 하는 것이 필요하다.

　성찰은 사고의 산물이다. 깊이 생각하는 시간을 가짐으로써 성찰하는 습관을 가질 수 있다. 이러한 사고능력을 가진 사람들은 언제나 한 발 앞서 나간다. 성찰하는 사람들은 원하는 것이 미래에 현실로 이뤄지도록 하는 방법들을 생각하기 위해 일시적으로 또한 의도적으로 자신의 시간을 멈추기도 한다.

　매일 성찰함으로써 원기를 회복할 수 있다. 과거의 사건에 초점을 맞추고 깊이 생각함으로써 그것들이 미래와 어떤 관련이 있는지도 통찰할 수 있게 된다.

성찰은 잠재된 능력을 일깨우고 안전을 가져오며 지혜를 불러일으킨다. 성찰하는 사람들은 삶이 사고의 산물이라는 것을 이해하고 있다.

⁎ 사례

칼은 17년 동안 제 일선에서 관리자로 일했다. 그의 계획은 퇴직할 때까지 자신이 그 자리에 남아있는 것이었다.

그는 해마다 세계적인 전문가들을 양성해냈다. 또한 그의 팀이 뛰어난 성과를 올리게 함으로써 리더와 코치로서 자신의 능력을 충분히 발휘하고 있다.

그는 업무수행능력이 낮은 팀원들을 빠르게 효율적으로 제거하면서 뛰어난 성과자들만 팀에 남겨두는 것으로도 유명하다. 그런 일들을 어떻게 매년 해나갈 수 있는지 물어보면 그는 성찰하는 시간이 있기 때문에 가능하다고 답한다.

매월말 그는 1시간 동안 성찰할 시간을 가질 것을 계획한다. 그리고 성찰하는 시간 동안 각 팀원들의 업무수행 결과를 검토하며 개개인의 강점과 약점을 확인한다.

그리고 그 결과에 대해 이러한 팀원을 계속 고용해야 할지를 자기 자신에게 반문해본다. 자신의 대답이 "그렇다"이면 그 팀원의 잠재능력을 더욱 개발하기 위한 계획을 진행한다. 만약 대답이 "아니오"라면 팀에 필요한 조정과 팀의 개선을 위한 계획을 실시한다.

그는 모든 팀원들의 보고서를 검토하고, 각 팀원들의 행동 수정 방침에 대해 결정할 때까지 이러한 과정을 계속한다.

각 팀원들의 업무수행능력을 검토하는 이런 월간성찰활동은 그의 팀이 최상의 업무수행결과를 낳도록 한다. 과거에 대해 성찰하는 것이야말로 그가 현재와 미래에 성공할 수 있는 밑거름이다.

14 **인내**야말로 **목표달성**에 이르게 하는 가장 빠른 길이다

세계적인 체스 선수들은 끝없는 인내를 가지고 한 수 한 수를 생각한다. 뛰어난 코칭 활동을 하기 위해서는 인내의 가치를 알아야 한다. 견고한 기반을 쌓기 위해서는 시간이 걸린다. 때때로 어떤 일들은 미래에 대한 장기적인 안목을 갖고 천천히 해낼 필요도 있다. 인내는 목표를 달성하게 하는 촉진제 역할을 한다. 또한 스스로 성공을 사전에 계획할 수 있는 능력을 키워준다.

인내의 가치와 중요성을 팀원들에게 전달하라. 먼저 당신이 인내심을 갖고 행동하면 팀 전체에 자신감과 안정감이 형성된다. 업무수행속도가 빠른 것만이 좋은 것은 아니다.

때로는 업무수행속도를 늦출 필요도 있다. 행동을 취하기 전에 문제를 해결할 방법을 먼저 생각하게 하라. 결정은 올바른 과정을 통해 내려져야 한다. 확실하지 않은 것에 대해서는 기다려라. 인내야말로 원하는 목표를 보다 빠르게 달성하게 하기 위한 올바른 길이다.

성공에는 지름길이 없다. 성공은 시간을 필요로 한다. 조급해하지 말고 당신이 원하는 바가 어떤 과정을 통해서 이루어질지 인내하며 먼저 생각하도록 하라.

⁂ 사례

톰은 새로이 3명의 기술 관리자들을 고용했다. 그는 그들 모두의 능력에 대해 기대하고 있었지만 특히 가장 오랜 경력을 가진 낸시가 뛰어난 성과를 내리라 생각하고 있었다.

그러나 90일이 지나도 낸시가 관리하는 팀의 생산성은 저조하기만 했다. 톰은 실망했고, 문제가 무엇인지 알아보기 위해 낸시를 만났다. 톰은 낸시에게 무엇이 잘못 되었는지, 그가 무엇을 도와주면 좋을지 물어보았다.

그러나 낸시는 모든 것이 정상이라고 답했다. 단지 원하는 결과물을 얻기 위한 시간이 좀더 필요할 뿐이라는 것이었다. 낸시와의 미팅을 통해 톰은 그녀가 원칙을 지키며 기본적인 구조를 재구성하고 있다는 사실을 알게 되었다. 그래서 그는 그녀의 팀이 발전할 것이라 믿었다.

다시 60일이 지났고, 낸시의 팀의 생산성은 올라갔다. 그러나 아직 톰이 기대한 바에는 미치지 못했다. 톰은 다시 낸시와 만나 그녀의 팀 운영 스타일과 방법을 검토했다. 낸시는 장기적으로 높은 성과를 낼 수 있는 팀을 만들기 위해 기본에 충실하고 있으며 보다 인내해야 할 필요가 있다고 주장했다. 톰은 그녀의 문제해결방안이 가치 있다고 판단하고 3개월을 더 기다려보기로 했다.

3개월 후, 낸시의 팀은 엄청난 생산성 증가를 보였다. 12개 팀 가운데 그녀의 팀의 생산성이 1위였다. 이후에도 낸시의 팀은 13개월간 계속해 생산성 1위의 자리를 고수했다. 이것은 처음부터 그녀가 인내심을 가지고 팀이 올바로 자리잡도록 노력했기에 가능한 결과였다.

또한 톰이 그녀의 방식을 이해하고 지원했기에 가능한 결과이기도 했다. 낸시와 톰의 인내심은 회사에 막대한 이익을 가져왔고, 두 사람 모두 승진할 수 있었다.

15 2군을 **양성하라**

정의

　높은 성과를 내는 팀원들을 비롯해 모든 팀원들과 항상 함께 할 수는 없다. 따라서 앞날을 대비해 2군을 양성해야 한다. 2군을 양성하는 데 한 달에 적어도 4시간을 투자하라. 그럼으로써 승진하는 팀원이나 회사를 떠나는 팀원이 발생해 팀에 결원이 생겨도 언제나 바로 대체인력을 투입할 수 있다. 팀에 결원이 생겼을 때 언제까지나 기다릴 수 있는 여유는 주어지지 않는다.

　가능성 있는 사람들을 개발하는 것은 2군을 양성하는 적극적인 방법이 될 수 있다. 2군을 양성하는 것은 팀에 결원이 생긴다 해도 그 공백을 쉽게 메울 수 있다는 안정감을 제공한다.

　이것을 현실화하기 위해서는 목표와 계획을 수립해 각각에 알맞은 행동 단계를 일상적으로 행하며 기록해야 한다. 기록은 2군 양성을 보다 효율적으로 가능하게 하는 방법이다.

팀원들이 완벽하게 배치되었을 때야말로 정말로 2군 양성을 준비해야 할 때이다. 결코 위기가 찾아올 때까지 기다리고 있어서는 안 된다. 이미 성공한 사람들은 직장을 찾지 않는다. 그들에게는 직업이 있기 때문이다. 사람이 필요할 때 신문광고를 하면 항상 최고의 인력을 구할 수 있다는 기대를 버려라.

미리 계획하고 시간을 가지고 2군을 양성해야 결원이 생겼을 때 당황하지 않고 잠재력 있는 후보들로 대체할 수 있다.

한 관리자는 몇 년 전 자신의 부서의 몇 자리를 메워야 하는 위기상황과 직면했다. 수석 팀원은 다른 주로 이사를 갔고, 또 다른 팀원은 복학하기로 결정했기 때문이다.

모든 것이 갑자기 결정되었기 때문에 그 위기에 대처하기에는 시간이 부족했다. 관리자는 어쩔 수 없이 짧은 시간에 신입사원을 뽑아 공백을 메워야만 했다.

이 일을 계기로 그는 앞으로 비슷한 상황이 닥쳐와도 흔들림없이 대처하기 위해서는 2군을 양성할 필요가 있다는 것을 깨달았다.

그래서 그는 매분기마다 2군 양성을 위해 새로운 인력을 한 명씩 개발하기로 목표를 세우고 가능성 있는 인력들과 지속적인 관계를 쌓기 위해 한 달에 2회 인터뷰할 것을 계획했다.

그는 자신의 플래너에 목표와 계획, 이를 위한 각각의 활동 단계를 기록했다. 그리고 목표를 달성하기 위해 각 단계를 확인하며 실행해 나갔다.

8개월 뒤에 그의 팀에 대대적인 인력 보강을 해야 할 상황이 닥쳤을 때 그 관리자에게는 선택할 수 있는 3명의 뛰어난 후보자가 있었다.

그는 2군을 양성하는 것이야말로 위기상황에 대한 대비책이라는 사실을 절감했다. 또한 1년 내내 지속적으로 신입사원을 채용함으로써 팀에 결원이 생겼을 때 대체인력을 투입하는 데 걸리는 시간과 스트레스를 최소화할 수 있었다.

　앞서 소개한 코칭 기술을 이미 알고 있다 해도, 각각의 코칭 기술을 이해하고 익혀서 자신의 것으로 만들지 않으면 소용이 없다. 당신이 익힌 코칭 기술은 당신이 현재 하는 일에 반영되어야 의미가 있다. 또한 그러한 코칭 기술을 습관처럼 사용할 수 있어야 한다. 코칭 기술을 당신의 습관으로 만드는 데 도움이 되도록 이 페이지를 활용하라.

　먼저 각 그림에 일치하는 코칭 기술을 적어라. 그리고 이 코칭 기술을 과거에 사용한 적이 있다면 어떻게 사용했는지, 혹은 앞으로 이 코칭 기술을 어떻게 사용할 것인지 적어보라. 이런 과정을 통해 당신은 보다 더 쉽게 자신의 세계에서 이 코칭 기술들을 사용할 수 있게 될 것이다.

코칭 기술

경험 및 계획

코칭 기술

경험 및 계획

코칭 기술

경험 및 계획

코칭 기술

경험 및 계획

코칭 기술

경험 및 계획

16 균형을 잃지 말고 **빠르게 조정하라**

코칭 활동을 하다 보면 변화하는 여러 가지 우선순위 사이에서 자주 균형을 유지해야 할 상황이 발생한다.

이런 혼란상황과 맞닥뜨려도 감정적으로 흔들리지 말고 균형을 유지하면서 상황을 처리해야 한다. 그러기 위해서는 우선 자신이 처한 환경을 분명하게 인식해야 한다.

그리고 자신의 직감을 믿고 자신이 세운 비전과 계획에서 벗어나지 않도록 노력하라. 이렇게 함으로써 위기에서 벗어나 한 걸음 더 앞으로 나아가게 하는 빠른 조정을 할 수 있다.

균형을 유지하면 놀라울 정도의 에너지를 얻을 수 있다. 만약 균형을 유지하는 길에서 벗어났다면 재빨리 균형을 유지하는 길로 돌아가도록 하라. 그러기 위해서는 초점을 맞추고 필요한 조정을 하면 된다.

자신이 어디에 있는지, 그리고 어디에 있어야 하는지를 분명히 인식하고 위기상황을 해결하라. 과거의 경험에서 배우고 목표를 달성하기 위해 전진하라.

펠리시아는 중소규모 회사의 한 부서 관리자로 자신의 일을 사랑했다. 그녀의 부서에는 50명의 직원과 5명의 중간관리자가 있었다. 그녀는 매주 팀 회의를 여는 등 훌륭한 팀을 만들기 위해 노력했다.

팀 회의가 있던 어느 날 아침, 그녀는 오전 7시에 출근해 회의준비를 하고 있었다. 그런데 시간이 흘러도 아무도 출근하지 않았다. 그녀는 어떻게 된 영문인지 알 수 없어 당황했다.

정오가 되어서야 그녀는 다른 회사의 라이벌이 자신의 팀 전체를 고용했다는 사실을 알게 되었다. 그녀의 상관은 눈앞에 벌어진 상황에 대해 확인한 후 즉시 부서에 새로운 직원들을 고용할 것을 지시했다.

위기상황과 맞닥뜨린 그녀는 비록 처음엔 균형을 잃었지만 빠른 조정을 통해 균형을 유지하며 대체인력을 찾아나섰다. 다행히도 그녀는 평소 2군 양성의 중요성을 깨닫고 노력했기 때문에 가능성 있는 대체인력을 보유하고 있었다.

그 날 저녁 무렵 그녀는 3명의 부하직원을 거느린 새로운 중간관리자를 고용할 수 있었다. 또한 그는 다른 직원들을 찾는 것을 돕기로 했다.

그녀가 부서의 정원을 완전히 채우는 데는 거의 6개월이라는 시간이 걸렸다. 그러나 그녀는 절대 뒤돌아보지 않고 균형을 유지하려 노력했다. 그녀는 필요한 조정을 최대한 빠르게 해나갔으며 강한 팀을 재구성할 수 있었다. 뿐만 아니라 그녀는 팀을 재건하며 자신의 능력에 대해 자신감을 가질 수 있었다.

단 6개월 만에 완전하게 팀 재건에 성공한 그녀의 성과는 그녀가 균형을 유지하며 빠른 조정을 했기에 가능한 결과물이었다.

17 **반복**은 바람직한 습관을 만든다

정의

업무를 정확하게 수행하기 위해서는 반복훈련이 필요하다. 팀원들은 업무수행에 필요한 기술을 처음부터 가지고 있지 않다. 따라서 성공적으로 목표를 달성하기 위해서는 시간을 내서 팀원들이 업무수행에 필요한 기술을 자신의 습관으로 만들도록 훈련해야 한다.

팀원들에게 말로 업무수행에 필요한 기술을 가르치기보다는 어떻게 업무를 수행해야 하는지를 직접 보여주는 편이 낫다. 기회가 있을 때마다 행동으로 보여주는 '역할놀이'와 '기술반복훈련'을 하라. 반복을 통해 팀원들에게 필요한 업무수행기술을 그들의 습관으로 만들 수 있다.

운동선수나 예술가, 음악가, 과학자 등은 모두 연습과 반복을 통해 그들에게 필요한 기술을 습득하고 그것에 숙달되도록 노력한다. 이러한 반복은 그들의 능력을 최고로 끌어올린다.

반복을 통해 그들은 습관으로 만든 기술을 수행하기 위해 굳이 생각하지 않아도 되는 경지에 이르게 된다.

이와 같이 당신의 팀원들도 최고 수준의 기술을 구사하기 위해서는 연습과 반복이 필요하다.

좋은 코칭 활동의 첫 번째 요건은 팀원들에게 필요한 기술을 그들이 올바른 습관으로 만들도록 돕는 것이다. 그것은 곧 개개인의 개인적인 성공과 직업적인 성공으로 연결된다.

⋔ 사례

한 관리자가 12개 지점들 중 최하위 지점을 관리하게 되었다. 그는 자신이 새로 맡게 된 지점의 업무 관련 기술 수준을 검토한 후, 팀원들이 의무적으로 자신과 1 대 1 미팅을 하는 프로그램에 참여하도록 했다. 그는 자신이 계획한 프로그램을 통해 그들이 '12등'에서 벗어날 것이라 확신했다.

1 대 1 미팅에는 팀원들의 행동을 적극적으로 변화시키는 '역할놀이'와 '기술반복훈련'이 포함되었다. 이러한 1 대 1 미팅을 팀원들에게 지속적으로 진행함으로써 그가 맡았던 최하위 지점은 8개월 만에 5위로 올라설 수 있었다.

18 자신의 **경쟁상대**를 **알라**

자신의 경쟁상대를 아는 것은 중요하다. 경쟁상대는 전체시장에서 자신의 위치와 상관이 있다. 경쟁상대를 알면 자신의 강점을 더욱 두드러지게 할 수 있고 뛰어난 것을 더욱 뛰어나게 할 수 있다. 경쟁상대를 제대로 아는 것은 성공과 실패를 가르는 열쇠가 된다.

당신이 회사나 조직에서 높은 자리에 위치할수록 팀원들은 당신이 회사나 조직의 경쟁력에 관한 정보를 많이 가지고 있을 것이라 기대한다. 팀원들은 당신을 전문가라 생각한다. 당신이 가진 정보는 팀원들이 각자의 자리에서 창조적이고 혁신적인 활동을 할 수 있게 한다. 또한 팀원들이 자신의 역할이 회사에 어떤 이익을 가져올지 생각하도록 하는 전체를 바라보는 시야도 갖게 한다.

경쟁상대의 부족한 점을 파악해 당신과 당신의 팀, 그리고 조직이 그 점을 더욱 강화하도록 하라. 작은 차이가 엄청나게 다른 결과를 가져올 수 있다. 경쟁상대를 정확히 알고 있을수록 성공의 기회는 더욱 많아진다.

경쟁상대를 조사하는 데 시간을 투자하는 것을 아까워하지 말라. 무역박람회, 소매점 등을 방문하고 경쟁상대가 지금 무엇을 하고 있으며 미래의 계획은 무엇인지 관찰하라. 당신의 회사가 진행하고 있는 것에서 선두가 되기 위해서는 관련산업 출판물을 읽어라.

이러한 활동을 꾸준히 함으로써 당신은 당신의 회사가 시장을 점유하기 위해서는 무엇이 필요한지 팀원들에게 보여줄 수 있다. 또한 이런 활동을 지속적으로 할 수 있는 전문팀을 만들어라.

⁂ 사례

꽤 규모가 큰 한 소프트웨어 제조회사의 선임기술연구원은 팀원들이 제안한 주제에 대해 항상 토론한다. 또한 매월 생산성 향상과 관련한 팀 회의를 연다. 그 선임기술연구원은 회의를 위한 새로운 주제들을 지속적으로 찾았다.

한번은 팀 회의 중에 한 팀원이 회사의 경쟁상대에 대해 질문했다. 선임기술연구원은 질문에 답하면서 회사의 경쟁상대에 대해 팀원들과 토론하는 것이 생산성 향상에 긍정적인 영향을 미치리라 생각했다.

이후 매번 팀 회의를 할 때마다 그는 경쟁상대의 근황을 소개하는 데 15분의 시간을 할애했다. 그러자 팀원들은 점점 자신들의 회사가 시장에서 경쟁력을 갖고 있는 부분을 더욱 발전시킬 방안들을 고민하기 시작했다.

그리고 몇몇 팀원들은 그들의 현재 위치와 부서를 더욱 발전시킬 수 있는 방안을 제안했다. 다른 팀원들도 경쟁상대를 이기기 위한 새롭고 혁신적인 전략을 제안했다. 팀원들은 각자 그들의 역할을 수행하는 데 더욱 크게 동기를 부여받아 여러 가지 문제에 대한 개선 방안을 적극적으로 찾았다.

자신들의 경쟁상대를 정확히 파악함으로써 그들의 팀은 전례없는 성과를 달성할 수 있었다. 이 일을 계기로 선임기술연구원은 경쟁상대를 바로 아는 것이 높은 성과를 내는 팀을 만드는 데 도움이 된다는 사실을 절감했다.

19 사람은 **자신만의 이유**를 위해 일한다

사람은 자신을 위해서 일한다는 사실을 명심하라. 대부분은 일을 사랑해서가 아니라 생존하고 꿈을 달성하기 위해 일한다.

사람은 자기 자신과 자신의 미래를 위해 일할 때 노력을 최대화한다. 일은 목적을 이루기 위한 수단에 지나지 않는다.

만약 당신의 팀원들이 단기적이나 장기적으로 이루고자 하는 개인적인 목표를 안다면 당신은 회사가 그들의 목표를 이루는 수단이 될 수 있다는 것을 보여줄 수 있다. 이것은 회사와 팀원들 간의 강한 협력 관계를 가져온다.

팀원들이 각자 개인적인 목표와 직업적인 목표를 포함하는 자신의 비전을 만들도록 도와라. 이런 활동은 팀원들에게 핵심적인 동기를 부여하고 큰 힘을 불러일으킨다. 팀원들은 자신들의 활동에서 높은 성과를 내기 위해 이 힘을 불러일으킬 수 있어야 한다.

팀원들의 '언어'로 말하는 것을 배워라. 그들이 자신들의 비전을 설명하기 위해 사용하는 언어를 사용하라. 각각의 팀원들에게 중요한 것이 무엇인지를 이해하라. 그들이 맡은 업무가 회사와 그들 개인의 꿈을 이루는 데 어떠한 도움을 주는지를 보여줘라. 이것은 업무 만족도와 생산성을 향상시키고 팀 전체의 성공을 가져온다.

∷ 사례

회계부장인 제프는 어느 날 그의 관리자에게 더 이상 업무를 수행하기 힘들다고 하소연했다. 그는 자신에게 있는 모든 에너지를 소진했다고 느꼈다. 계속 업무를 수행하는 것이 그에게는 너무 힘들게만 다가왔다.

그러나 관리자는 제프의 하소연에 동의하지 않았다. 그는 제프에게 그 해 초에 제프가 작성한 자신의 비전에 대한 계획표를 꺼내보도록 했다. 거기에는 개인적인 목표와 회사 업무상 목표가 모두 포함되어 있었다.

제프는 관리자와 자신의 비전에 대해 토론함으로써 자신의 현재 위치와 업무가 미래의 승진과 개인적인 목표 달성에 연관되어 있다는 사실을 다시금 확인할 수 있었다.

또한 관리자는 제프에게 회사가 그가 원하는 비전을 이루기 위한 수단이 될 수 있음을 알려주며 그러한 것을 이루기 위한 방법들을 찾아보도록 제안했다.

관리자와의 미팅으로 제프는 지금까지 자신이 원하는 것과 회사가 원하는 것을 동시에 이룰 수 있는 방법을 확실히 알지 못했다는 사실을 깨달았다. 또한 자신이 원하는 비전을 달성하는 데 회사를 수단으로 사용할 수 있다는 사실도 알게 되었다.

이후 제프는 회사가 아닌 자신의 이유를 위해 일하게 되었고, 그것은 그에게 더욱 큰 동기를 부여해 일관되게 뛰어난 성과를 낳을 수 있었다.

20 1 대 1 미팅을 하라

코칭 활동에는 팀원들의 성과를 다음 단계로 발전할 수 있도록 성장시키고 개발하는 것도 포함된다. 이 활동을 성공적으로 하기 위해서는 정기적으로 각 팀원들과 1 대 1 미팅을 할 필요가 있다. 1 대 1 미팅을 통해 팀원들이 생산성 향상과 좋은 성과를 낼 수 있도록 전문적인 지도를 할 수 있다.

이렇게 팀원들과 개인적으로 만나는 시간을 갖기 위해서는 당신의 하루 업무에 우선순위를 매겨야 한다. 직접 대면하는 것이 가장 좋은 방법이지만 그럴 수 없는 상황이라면 차선책인 전화를 이용하라. 주간별로 팀원들과의 1 대 1 미팅을 계획하라. 만약 그것이 어렵다면 월간별로 1 대 1 미팅을 계획하라. 1 대 1 미팅은 사전에 계획하고 준비해야 한다. 미팅에서 팀원들의 무엇을 개발한 것인지 목적을 명확히 하라. 이 미팅이 회사의 관리 차원에서 진행되는 것이 아니라 그들의 잠재력 개발에 목적이 있음을 확실히 밝혀라. 만약 팀원들의 잠재력을 개발하는 시간을 갖지 않는다면, 그들은 언젠가는 자신의 잠재력을 개발해줄 조직을 찾아서 떠날 것이다.

팀원들 각자의 세계에 대해 깊이 있게 이야기할 수 있는 1 대 1 미팅을 반드시 하라. 그리고 그것을 통해 그들 자신과 회사 모두를 더 높은 다음 단계로 이끌어갈 수 있는 능력을 개발하도록 요구하라. 팀원들에게 시간을 투자함으로써 지속적인 파트너십을 형성할 수 있으며, 그들은 높은 수준의 동기를 부여받고 목표에 집중할 수 있게 된다. 이런 활동은 팀원들이 각자가 처한 현실적인 위치를 파악할 수 있게 하고 더욱 발전하기 위한 도움을 제공함으로써 그들이 성공에 이르게 한다.

∴ 사례

한 관리자가 새로운 회사에 근무한 지 4개월이 되었다. 그의 부서는 생산성이 저조했고, 팀원들이 그와 회사에 대해 갖는 충성심은 낮았다.

관리자는 팀원들이 자신의 시간을 너무 많이 빼앗고 있으며 자신이 다른 업무를 수행하는 것을 방해한다고 여기고 있었다. 그는 현 상황에 좌절하여 그의 상사와 문제를 해결할 방안을 찾아보기로 했다. 그는 부서를 정상적인 궤도로 올려놓기 위해서는 자신이 무엇을 어떻게 해야 하는지를 상사에게 물어보았다.

상사는 그에게 몇 가지 질문을 하고 그가 팀원들과 함께 한 1 대 1 미팅 시간에는 회사의 경영문제, 개인 생산성, 개인행동 수정계획에 대해서만 이야기한다는 사실을 알게 되었다. 그 관리자는 팀원들이 무언가 잘못을 하기 전에는 그들과 상호작용을 하지 않았던 것이다.

상사는 그에게 "팀원들과 함께 보내는 시간을 가져라. 혼자서는 모든 일을 할 수 없다. 따라서 그들을 교육하고 그들의 능력을 개발하는 시간을 가져야 한다. 그들에게 동기를 부여해 도전하도록 하라. 팀원들의 능력을 발전시키는 것이야말로 성공적인 코칭 활동이다. 당신도 그렇게 할 수 있다"고 충고했다.

그 관리자는 상사의 조언이 그다지 마음에 들지는 않았지만 그것을 받아들였다. 이후 5개월간 그는 매주 팀원들과 1 대 1 미팅을 진행했다. 그러면서 그는 팀원들을 성장시키고 개발하는 시간을 갖는 것이 결과적으로 커다란 차이를 가져오고 있다는 사실을 알게 되었다.

그가 팀원들의 구체적인 기술들을 발전시키기 위해 미팅에 사용한 '역할놀이'와 '기술반복훈련' 활동은 생산성 향상과 업무 만족도 증가라는 결과로 나타났다.

앞서 소개한 코칭 기술을 이미 알고 있다 해도, 각각의 코칭 기술을 이해하고 익혀서 자신의 것으로 만들지 않으면 소용이 없다. 당신이 익힌 코칭 기술은 당신이 현재 하는 일에 반영되어야 의미가 있다. 또한 그러한 코칭 기술을 습관처럼 사용할 수 있어야 한다. 코칭 기술을 당신의 습관으로 만드는 데 도움이 되도록 이 페이지를 활용하라.

먼저 각 그림에 일치하는 코칭 기술을 적어라. 그리고 이 코칭 기술을 과거에 사용한 적이 있다면 어떻게 사용했는지, 혹은 앞으로 이 코칭 기술을 어떻게 사용할 것인지 적어보라. 이런 과정을 통해 당신은 보다 더 쉽게 자신의 세계에서 이 코칭 기술들을 사용할 수 있게 될 것이다.

코칭 기술

경험 및 계획

코칭 기술

경험 및 계획

코칭 기술

경험 및 계획

코칭 기술

경험 및 계획

코칭 기술

경험 및 계획

21 **두려워하지** 말라

  경쟁이 치열한 현대사회에서 경쟁력을 유지하기 위해서는 팀이 두려워하지 않는 사고방식을 갖도록 해야 한다. 두려워하지 않는다는 것은 조직에서 자신의 생각을 자유롭게 표현할 수 있다는 의미이기도 하다. 이것은 창의력을 높여주고 혁신을 가능하게 해 팀의 업무수행능력을 향상시킨다.

  팀원들은 두려워하지 않는 환경에 처할 때 높은 수준의 동기를 부여받을 수 있다. 따라서 예상되는 위험을 감수하는 것에 대해서도 두려워하지 않게 되며 솔직하게 자신을 표현하게 된다. 이것은 그들의 잠재력이 보다 빨리 개발될 수 있게 한다.

  사람들은 대부분 실수를 하게 되면 그것이 자신의 결점을 나타내는 것이라고 생각한다. 그리고 실수를 했을 때 관리자들의 질책을 받게 될까봐 두려워한다. 팀원들의 실수나 결점, 지혜의 결핍을 이해하고 그것을 극복할 수 있도록 도와라. 매일 반복되는 업무가 배움을 위한 수단과 성장을 위한 기회가 되도록 하라.

팀원들에게 두려워하지 않는 사고방식을 갖고 일할 때 얻을 수 있는 이익에 대해 알려라. 생산성 향상, 빠른 조정, 사기 증진, 직업적인 성장과 개인적인 성장의 가속화 등이 그러한 이익에 포함된다.

이러한 분위기가 유지되면 팀은 더 많은 성과를 얻을 수 있는 도전을 하는 것을 주저하지 않게 된다. 두려워하지 않는 사고방식은 긍정적인 스트레스를 유지해 팀원들의 능력을 배가시킨다.

⁂ 사례

업계 선두를 달리는 한 무역회사에 결코 실수를 용납하지 않는 관리자가 있었다. 비록 그것이 사소하다 해도 자신의 팀원들이 실수를 하면 그는 무섭게 질책했다.

어느 날 그의 팀원 중 한 사람이 데이터를 입력하다가 3달러를 잘못 입력했다. 그 팀원은 관리자의 질책이 무서워 그 사실을 그냥 덮어뒀다. 그러나 3개월 후 그 사실은 드러났고, 3달러를 잘못 입력한 데 대해 회사는 수천 달러의 비용을 치러야 했다.

결국 회사 차원에서 회계에 대한 전면적인 감사가 이루어졌고 같은 부서에서 다른 팀원들도 수차례 잘못된 정보를 입력한 사실이 있음이 밝혀졌다.

팀원들은 실수를 한 자신들이 해고될 것으로 생각했다. 그러나 정작 해고된 것은 실수를 용납하지 않던 관리자였다.

그 회사는 구성원 전체가 올바른 사고방식을 갖도록 하는 것이 회사의 이익에 큰 영향을 미친다는 점을 깨달았다. 당시의 사건은 회사 전체에서 이래서는 안 된다는 선례가 되었다.

그 결과 회사에서는 모든 관리자들에게 실수란 업무과정 중에 충분히 발생할 수 있는 것이라는 두려워하지 않는 사고방식을 갖도록 하게 되었다. 그래서 관리자들은 자신의 팀원들에게 실수를 인정하고 그것으로부터 배우며 계속 발전할 수 있도록 가르치고 있다.

22 **합의의 토대** 위에서 커뮤니케이션하라

정의

분명하고 정직한 커뮤니케이션이 가능하도록 서로 책임질 수 있는 관계를 형성할 필요가 있다. 팀원들이 자신들의 감정, 생각, 의견을 적극적으로 표현할 수 있도록 해야 한다. 당신이 먼저 그렇게 하는 것을 보임으로써 그것은 가능해진다. 또한 이 것은 공통의 목표를 달성하기 위해 필요한 해결책을 보다 손쉽게 찾을 수 있게 한다.

서로간에 '우리는 서로를 한 사람의 인격체로서 존중한다' 라는 점에 기본적으로 합의해야 한다. 그럼으로써 서로 업무와 관련한 행동에 대해 터놓고 이야기하는 것 이 가능하고 그런 과정에서 관계가 손상되는 것도 막을 수 있다.

팀원 중 누군가가 언급할 필요가 있는 행동을 하는 것을 보면 가능한 한 빨리 그 에게 사적으로 이야기하라. 이런 형태의 커뮤니케이션을 통해 그들은 자신이 처한 환경을 분명히 인식할 수 있게 된다. 또한 모든 안건은 공개적으로 처리하며 팀원들이 자신이 현재 처한 위치를 알게 하라. 그 결과 팀원들은 모험을 하는 것에 대해 두려워하지 않게 될 뿐만 아니라 지속적으로 배우는 것을 멈추지 않게 된다.

그러나 문제가 발생했을 때 이 코칭 기술을 사용하려 해서는 안 된다. 오히려 평소에 끊임없는 훈련을 통해 이런 커뮤니케이션이 가능하게 해야 한다. 좋은 시기나 나쁜 시기나 관계없이 합의의 토대 위에서 커뮤니케이션하게 되면 팀 내의 충성심이 제고되고 두려워하지 않는 사고방식이 체현되는 긍정적인 변화를 경험하게 될 것이다.

■ 사례

로버트는 20명의 팀원을 관리하는 관리자이다. 1주일 내내 일해야 할 정도로 그의 근무 시간은 길다. 하지만 그의 팀원들은 그가 원하는 결과를 내지 못했다. 이것은 회사의 이익에 부정적인 영향을 끼쳤다. 부사장은 이런 상황을 알고 로버트와 합의의 토대 위에서 커뮤니케이션할 필요가 있음을 느꼈다.

"로버트, 내가 자네의 가치를 인정하고 있다는 것을 자네도 알고 있지. 오늘은 그것과 별개로 자네의 직무행동에 관해 할 말이 있네. 자네가 훌륭한 직업윤리를 가지고 있으며 열심히 일하고 있다는 사실 또한 충분히 알고 있다네. 그런데 팀원들로부터 원하는 결과를 얻어내는 자네의 능력에는 의구심이 드는군. 이 점에 대해 자네는 어떻게 생각하나?"

"저는 제 자신의 업무량을 조절할 수 없습니다. 목표를 달성하고자 하면 할수록 어쩐지 목표에서 점점 멀어지는 듯한 느낌입니다. 이런 사실이 저를 좌절하게 합니다."

"그럼, 자네는 자신의 통제력을 되찾기 위해 변화할 의지가 있나?"

"그럼요, 있고 말고요."

"좋네, 그럼 자네의 강점을 개발하기 위한 계획을 세워보도록 하세. 우선 자네의 업무분석기록을 검토하면서 우리가 할 수 있는 것들의 목록을 만들어보는 게 어떨까? 앞으로는 자네에게 이익이 될 활동들에 더 많은 시간을 투자해야 하네, 로버트."

"알겠습니다. 부사장님과 세운 계획에 따라 차후 스케줄을 조정해 내일 아침에 보고드리겠습니다. 힘든 상황을 해결할 수 있도록 도와주셔서 감사합니다."

이렇게 합의의 토대 위에서 이루어진 커뮤니케이션은 로버트가 정상궤도를 되찾아 회사의 이익 증대에 기여할 수 있게 했다.

23 마음의 공간을 분리하라

힘겨운 상황에 직면해도 당황하지 마라. 대신 S.O.S(Separation of Space)를 실시하라. 마음의 공간을 분리하는 것은 위기상황에서 당신의 감정을 분리하는 시각화 연습이다. 사람들은 위기상황과 맞닥뜨리면 대개 반발하거나 실수를 하곤 한다. 따라서 S.O.S를 훈련하는 것은 성공에 더 가까워지게 한다.

어떤 상황과 맞닥뜨렸을 때 자신의 감정이 격해지는 것을 느낀다면 잠시 멈추고 숨을 들이쉬라. 그리고 감정을 그 상황과 분리시켜라. 이렇게 함으로써 감정에 대한 통제력을 되찾는 동안 스트레스 수위를 낮출 수 있다.

또한 보다 더 상황에 집중할 수 있고 객관적인 판단을 하는 것이 가능해진다. 감정이 판단에 영향을 주는 것을 막음으로써 보다 긍정적인 상태에서 업무를 수행할 수 있다. 따라서 적은 시간에 더 많은 일을 처리할 수 있게 된다.

  팀을 올바로 이끌기 위해서는 S.O.S를 본보기로 삼을 필요가 있다. S.O.S는 팀원들이 위기상황에서 냉정을 유지하며 빠르게 효과적인 판단을 하는 것을 가능하게 한다. 또한 모든 상황을 능숙하게 처리하는 방법을 알려준다. 마음의 공간을 분리하는 능력은 자신감, 업무만족, 결과향상을 가져온다. 또한 이것은 분쟁 해결을 위한 이상적인 방법이기도 하다.

⊞ 사례

  15명의 과학자들이 그룹을 이뤄 18개월 동안 한 프로젝트를 수행해오고 있었다. 그 기간 동안 그들은 새로운 제품의 원형을 만들어냈다. 프로젝트에 투자한 사람들이 기대한 목표를 달성하게 되어 그룹에 참가한 과학자들은 모두 기뻐하고 있었다.

  그런데 18개월이 다 되어갈 무렵, 그 그룹의 리더는 투자자들로부터 다음과 같은 요구를 받았다.

  "우리는 당신들이 우리가 처음에 요구한 것을 달성했다는 사실을 압니다. 하지만 디자인을 수정했으면 좋겠습니다. 3주 안에 새로운 디자인의 원형을 50% 이상 다시 설계해주세요."

  그 말을 들은 후 리더는 실망한 상태로 팀으로 돌아가 새로 주어진 과제는 불가능하다고 말할 수도 있었다. 그러나 그 리더는 S.O.S를 사용해 객관적인 상태에서 위기상황을 적극적으로 검토했다. 그리고 모든 팀원들이 3주 동안 12시간씩 교대로 근무한다면 새로 주어진 과제를 달성할 수 있을 것이란 판단이 들었다. 그래서 그는 팀원들에게 객관성을 유지하며 침착하게 상황을 설명했다.

  그는 자신이 받는 스트레스가 팀에 전달되지 않도록 3주 동안 매일 S.O.S를 사용했다. 불가능해보이는 새로운 과제에 자신의 감정을 결합시키면 목표를 달성할 수 없다는 사실을 잘 알고 있었기 때문이었다.

  그는 지속적으로 S.O.S를 사용해 냉정함과 객관성을 잃지 않으며 목표에 집중할 수 있었다. 그의 팀은 매일 12시간의 교대근무를 하며 최종기한에 맞춰 상황을 조정하고 있었다. 리더의 마음의 공간을 분리하는 능력이 팀 전체를 정상궤도에서 이탈하는 것을 막았고, 그 결과 그들은 훌륭한 결과물을 낼 수 있었다. 그리고 그들은 자신들의 노력에 걸맞는 특별한 보수를 받았다.

24 팀원들이 주는 정보에 **귀를 기울여라**

코칭 활동에 뛰어난 사람들은 자신들에게 전달된 정보를 종합해 사용할 수 있는 능력을 갖고 있다.

언어적인 것, 비언어적인 것, 문서화된 소식, 심지어 생략과 침묵까지도 정보를 전달한다. 미묘한 단서들은 큰 문제들과 연결되어 있는 경우가 많다. 이런 미묘한 단서들에 보다 주의를 기울이고 그 의미를 파악해야 한다.

또한 팀원들이 당신에게 주는 정보를 종합하고 분석해 팀이 더욱 발전할 수 있도록 도전하라. 정보를 종합하고 분석함으로써 자신의 행동방식을 결정할 수 있고, 개개의 정보에 숨겨진 의미를 보다 잘 파악할 수 있다.

팀원들 각각의 능력과 강점, 약점, 업무 만족도 등을 평가하는 데 이러한 정보를 활용하라. 팀원들이 보내는 혼란, 지루함, 행복의 징후를 찾아내는 데 감각을 집중

하라. 팀원들이 의식적, 무의식적으로 당신에게 제공하는 정보에 주의를 기울이고 필요한 만큼만 조정을 행하라. 팀원들에게서 얻은 정보는 팀원들 각각의 잠재능력을 개발하는 데 필요한 맞춤형 계획을 만드는 기반이 된다.

⠿ 사례

한 관리자가 그 달의 마지막 금요일에 자신의 팀의 한 달 성과를 검토하고 있었다. 그는 두 달 연속으로 목표를 300% 초과달성하며 최고 성과를 올린 팀원을 불러 축하했다. 관리자는 퇴근 후 축하의 의미로 같이 저녁을 먹자고 제안했다. 그러나 그 팀원은 한숨을 쉬며 바닥만 보고 있었다. 관리자는 무언가가 잘못됐음을 알았다.

관리자는 팀원에게 무슨 일인지 물어보지 않을 수 없었다. 그러자 그 팀원은 다음과 같이 말했다.

"저는 지난 수개월 동안 제가 얼마나 힘든 상황에 처해 있는지 당신에게 알리기 위해 끊임없이 신호를 보냈습니다. 판매 회의에서 여러 차례 서비스에 대해 문제제기를 한 것을 기억하십니까? 이 문제는 거의 1년 전에 제가 당신에게 개인적으로 도움을 요청한 부분이기도 합니다. 하지만 당신은 오로지 제가 내는 성과에만 신경을 썼습니다."

그러면서 팀원은 관리자에게 사표를 제출했다. 관리자는 팀원에게 자신이 무엇을 해야 그가 떠나지 않을 수 있는지 물어봤다. 그러자 그는 이런 말을 남기고 떠나버렸다.

"저는 우리 회사의 고객지원팀이 고객들에게 대하는 방식에 문제가 있다는 이야기를 한 적이 있습니다. 그랬더니 당신은 차차 좋아질 테니 너무 걱정하지 말라고 했지요. 기억나십니까? 당신은 거의 11개월 동안 저에게 같은 말만 했습니다.

저는 회사의 상품만 파는 것이 아니라 고객들에게 제 자신의 신뢰를 함께 팝니다. 그런데 제 고객들이 제가 약속한 대접을 회사에서 받지 못한다면 제겐 여기에서 계속 일할 이유가 없습니다. 당신은 제가 하는 이야기에 귀를 기울이지 않는 것 같습니다. 그런 당신을 위해서 더 이상 일하고 싶지 않습니다."

관리자는 최고 성과를 낸 팀원이 그에게 제공한 언어적인 통보와 미묘한 단서들에 주의를 기울이지 않은 결과 그 팀원을 잃는 결과를 맛보게 되었다. 팀에서 핵심적인 역할을 수행한 팀원이 떠남으로써 그 관리자와 회사는 커다란 손실을 입을 수밖에 없었다.

25 문제해결방법을 **가르쳐라**

한 마리 생선을 주면 하루를 먹을 수 있지만 물고기 잡는 법을 가르치면 평생을 먹을 수 있다고 했다. 이 점을 명심하고 팀원들이 원하는 목표를 달성하는 방법을 보여줌으로써 스스로 문제를 해결할 수 있게 하라.

코칭 활동을 잘 수행하는 사람은 팀원들에게 일을 하는 방법을 직접 보여주지만 그렇지 못한 사람은 단지 말로만 하고 말 뿐이다. 목표를 달성하는 방법을 팀원들에게 직접 보여줌으로써 팀의 업무수행능력을 높여라.

추측으로 일을 처리하지 말고 팀원들의 강점과 약점을 파악해 그들이 할 수 있는 것과 할 수 없는 것을 분명히 구분하라. 그리고 나서 그들이 스스로 문제를 해결할 수 있도록 그들의 강점을 더욱 개발하고 약점은 개선하라.

당신이 원하는 바를 당신의 행동을 통해 팀원들이 알게 하라. 그리고 그들 스스로 필요한 조정을 할 수 있도록 도움을 줘라. 팀원들에게 처음부터 자신들이 맡은 업무를 정확하게 수행하는 방법을 가르치면 수백 시간을 절약할 수 있다.

그러면 팀으로부터 비록 멀리 떨어져 있어도 당신이 원하는 결과를 얻을 수 있게 된다. 팀원들이 스스로 문제를 해결할 수 있는 방법을 가르침으로써 당신은 전략을 세우고 팀을 지도하는 시간을 더 많이 확보할 수 있다.

⁞ 사례

판매부장인 아론에게 새로운 판매팀을 개발하라는 과제가 주어졌다. 그는 판매 경험이 있는 사람들을 고용하고 그들에게 담당 구역과 제품, 관련산업 정보를 나눠 주었다. 그리고 나서 그들에게 이제 나가서 직접 판매하라고 지시했다. "이제 시작하세요. 여러분은 잘 해낼 수 있습니다"라고 말하면서 말이다.

아론은 단순히 그들에게 판매 경험이 있기 때문에 이번에도 판매를 잘 할 수 있을 것이라 추측했다. 그러나 새로운 판매팀의 어느 누구도 자신에게 주어진 몫을 달성해내지 못했다. 아론의 상사는 상황이 개선되지 않으면 그가 직장을 떠나야 할 것이라고 경고했다.

아론은 상황을 검토하고 새로운 판매팀에게는 훈련이 더 필요하다는 결론을 내렸다. 그는 팀원들이 다시 판매에 나서기 전에 일을 하는 방법에 대해 확실한 시범을 보여주기로 했다.

그래서 팀원들과 직접 현장에 나가서 고객의 주의를 끄는 방법, 제품을 나열하는 방법, 제품을 설명하는 방법, 판매를 마무리하는 방법, 고객에게 서비스하는 방법을 보여주었다. 그런 과정을 통해 팀원들은 최고의 판매기술을 익힌 전문가로 거듭나게 되었다.

새로운 판매팀의 팀원들이 다시 판매에 나서자 이번엔 뛰어난 성과를 낼 수 있었고, 아론은 자신의 지위를 유지할 수 있었다.

그 과정에서 그는 한 가지 귀중한 교훈을 얻었다. 팀원들이 일을 제대로 해내도록 하기 위해서는 그들에게 그 일이 어떤 방법으로 완수되는가를 정확하게 교육해야 한다는 것이다. 아론은 팀원들에게 물고기 잡는 법을 가르쳤고, 결과는 매우 훌륭했다.

　앞서 소개한 코칭 기술을 이미 알고 있다 해도, 각각의 코칭 기술을 이해하고 익혀서 자신의 것으로 만들지 않으면 소용이 없다. 당신이 익힌 코칭 기술은 당신이 현재 하는 일에 반영되어야 의미가 있다. 또한 그러한 코칭 기술을 습관처럼 사용할 수 있어야 한다. 코칭 기술을 당신의 습관으로 만드는 데 도움이 되도록 이 페이지를 활용하라.

　먼저 각 그림에 일치하는 코칭 기술을 적어라. 그리고 이 코칭 기술을 과거에 사용한 적이 있다면 어떻게 사용했는지, 혹은 앞으로 이 코칭 기술을 어떻게 사용할 것인지 적어보라. 이런 과정을 통해 당신은 보다 더 쉽게 자신의 세계에서 이 코칭 기술들을 사용할 수 있게 될 것이다.

코칭 기술

경험 및 계획

코칭 기술

경험 및 계획

코칭 기술

경험 및 계획

코칭 기술

경험 및 계획

코칭 기술

경험 및 계획

26 질문의 **이면을 보라**

당신이 가진 경험이 팀원들이 하는 질문의 수준을 결정한다. 팀원들이 하는 질문에 대해 잘 알 필요가 있다. 그들의 질문에서 팀원들 각자가 무엇을 기대하고 있는지 알 수 있기 때문이다. 또한 팀원들의 질문은 그들의 정체성, 기술과 능력 수준, 일에 대한 이해의 깊이를 나타내기도 한다.

팀원들의 질문이 당신이 기대한 것에 미치지 못할 수도 있다. 그렇다면 그것을 오히려 그들의 기술 수준을 향상시키기 위한 기회로 활용하라.

업무수행에 요구되는 기술수준에 팀원들이 도달할 수 있는지도 객관적으로 관찰하며 확인하라. 팀원들이 기대 이상의 질문을 하면 칭찬함으로써 더 많은 질문을 할 수 있게 하라.

팀원들의 현재 기술수준을 나타내는 질문을 통해 발전을 위한 다음 단계로 나갈 길을 찾아볼 수 있다. 팀원들이 기대에 미치지 못하는 질문을 계속 한다면 그 원인을 찾기 위해 함께 노력해야 한다. 또한 그들의 기술수준 향상과 능력에 적합한 자리를 찾을 수 있도록 도와라.

⚓ 사례

한 회사에서 소규모 사업의 모든 비용을 관리하기 위해 새로운 관리자를 고용했다. 그는 상당한 의욕을 보였지만 기본적인 회계사항에 대한 질문만을 반복하고 있었다.

이러한 상황에서 그 팀의 코칭 역할을 수행하는 코치는 다음과 같은 4가지 일을 했다.

1 그는 먼저 관리자에게 질문했다.

"당신은 입사면접시 자신에게 부여된 업무를 잘 해낼 수 있다고 했습니다. 하지만 지금 당신이 하고 있는 질문을 보면 이 업무를 해내기 위해 필요한 기술을 다 갖추지 못하고 있는 것 같군요."

2 그리고 나서 코치는 팀원들로부터 그의 기술수준에 대한 평가를 받았다.

"팀원들은 당신의 기술과 능력이 아직 부족하며 당신이 현재 위치에서 업무를 수행하기 위해서는 더 뛰어난 기술과 능력을 익힐 필요가 있다고 생각하는군요."

3 코치와 관리자는 업무수행에 필요한 기술과 능력 향상을 위한 계획을 함께 세웠다.

"나는 당신이 성공적으로 업무수행을 하기 위해 필요한 기술을 훈련하도록 도울 것입니다. 일단 비용 보고서는 10월 1일까지 완성되어야 하고 프로젝트에 대한 계획안은 10월 10일까지 완성되어야 합니다. 또한 자료수집은 10월 15일까지 95%는 되어야 합니다. 당신의 진행상황을 점검하기 위해 한 달에 두 번 미팅을 할 것입니다. 이 일을 진행하는 데는 정확성도 중요합니다. 현재 당신의 업무를 전면 재검토하고 조정할 필요가 있습니다."

4 코치는 새로운 관리자의 이후 행동이 그가 업무를 성공적으로 수행할 수 있는지 여부를 보여줄 것이라 생각했다. 그러나 관리자는 부과된 업무를 제대로 수행해내지 못했고, 그 결과 회사를 떠나야 했다.

27 발전을 **칭찬하라**

팀원들에게 동기를 부여하는 방법을 찾고 있는가? 혹은 그들의 업무 만족도를 향상시키고 싶은가? 두 가지 모두를 할 수 있는 아주 쉬운 방법이 있다. 그것은 어떤 형태의 발전이든 칭찬을 하는 것이다.

팀원들이 업무를 잘 수행하거나 발전하면 칭찬하는 것을 늦추지 마라. 팀원들에게 일어나는 행동의 변화가 크든 작든 그 모든 것에 대해서 잘 알고 있어야 한다. 팀원들 중 누군가가 팀에 긍정적인 영향을 미치면 성과의 크기에 상관없이 칭찬하라. 그들이 해내는 업무에 대한 당신의 생각을 알맞은 방법으로 전달해야 한다.

또한 동료 및 고객들의 의견을 전달함으로써 팀원들의 성과를 칭찬할 수도 있다. 사람들은 자신들의 노력과 성과를 다른 사람이 인정해주기를 바란다. 당신이 팀원들의 노력과 성과에 감사하고 있다는 것을 비록 그들이 알고 있다고 여겨져도 직접 말할 필요가 있다. 그들은 당신에게 말로 칭찬받기를 원한다.

팀원들을 칭찬하는 것은 그들에게 높은 수준의 동기를 부여하는 가치있는 일이다. 칭찬의 형태는 악수나 격려의 말, 긍정적인 관심과 같은 간단한 것이 될 수도 있다.

그러나 안타깝게도 대부분의 관리자들은 너무 바빠서 칭찬할 시간이 없다고 한다. 관리자들은 업무를 잘 수행한 팀원들은 자신이 그 사실을 알고 있다는 것을 인식하고 있을 것이라 믿고, 굳이 따로 말로써 인정할 필요는 없다고 생각한다.

그러나 이것은 위험한 생각이다. 인정과 칭찬이야말로 지속적인 성과를 위해 필요한 동기부여라는 사실을 잊어서는 안 된다. 발전을 칭찬하라. 그것은 당신과 팀원들 모두에게 이익을 가져온다.

♣ 사례

켄은 높은 수준으로 동기부여된 아주 뛰어난 팀원들로 이루어진 팀의 부장이었다. 그들의 업무환경은 매우 긍정적이었다. 팀 전체는 새로운 제품을 개발하기 위해 모두 열심히 일하고 있었다. 그들에게는 문제해결을 위한 회의 따위는 필요없었다. 오로지 진취적인 목표와 생산계획만이 있을 뿐이었다.

그들이 내는 성과는 아주 뛰어났고 팀원들 모두 그 사실을 자랑으로 여기고 있었다. 그들은 언제나 새로운 프로젝트에 도전할 준비가 되어 있었다.

이렇게 현상적으로는 팀원들 모두 행복해 보였지만, 실은 18개월 동안 팀의 이직률은 50%나 되었다. 켄은 어째서 이직률이 이다지도 높은지 알아보기 위해 팀원들에게 설문조사를 실시했다.

그 결과 팀원들이 자신들의 노력과 성과에 대해 인정받고 있지 못하다는 생각을 하는 것이 높은 이직률의 원인이라는 사실을 알게 되었다. 그들은 자신들의 일을 사랑하고 열심히 일하는 만큼 그것에 대해서도 인정받기를 원했다.

이후 켄은 각 프로젝트를 통해 회사와 팀원들이 동시에 성공할 수 있어야 한다고 생각하게 되었다. 그래서 한 프로젝트를 성공적으로 마무리하면 팀원들에게 특별 보너스를 지급했다.

짧은 시간에 이직률은 10%까지 떨어졌다. 팀원들은 자신들의 노력과 성과가 일상적으로 인정받게 되자 동기부여 수준이 더욱 높아졌고, 그들의 자리를 굳건히 지키게 되었다.

28 **사람의 힘**을 개발하라

혼자서 모든 것을 다 할 수는 없다. 다른 사람들과 함께 일할 때 갖게 되는 힘에 대해 인식하라. 발생하는 모든 문제의 해결책은 대부분 팀원들 안에서 찾을 수 있다.

어떤 문제상황을 혼자 다룰 때는 결코 찾을 수 없는 해답을 팀원과 함께 일하면서 발견하게 되기도 한다. 이것이 바로 '사람의 힘'이다.

이러한 '사람의 힘'은 두 사람 이상이 머리를 맞대고 하나의 공통된 비전과 목표를 위해 일할 때만 발생한다. '사람의 힘'이 발생하면 머리 위에 불이 들어온 느낌이 들기도 한다.

함께 일함으로써 아직 개발되지 않은 에너지를 사용할 수 있게 된다. 함께 일하는 것이 충분히 효과를 발휘하게 하기 위해서는 먼저 함께 일하는 사람들이 긴장을 풀고 끊임없이 아이디어를 떠올릴 수 있는 분위기를 만들어야 한다.

이러한 창조적인 과정을 팀원들이 모두 경험할 수 있도록 하라. 자신이 가진 정보와 경험을 기초로 충분히 그들도 창조적일 수 있다는 사실을 알게 하라. 팀원들 모두 '사람의 힘'을 발휘할 수 있는 창조적인 능력을 갖게 되면 그것은 곧 뛰어난 성과로 연결된다.

▟ 사례

한 회사가 신제품 개발에 착수했다. 그 회사의 제품 개발자 2명은 신제품의 이름을 짓기 위해 6개월 가까운 시간을 노력했다. 그들은 각자 신제품의 이름을 위한 목록을 만들었다. 그리고 만나서 아이디어를 나눴다. 그러나 목록에 있는 어떠한 이름에도 만족할 수 없었고, 결국 더 고민해보기로 했다.

그러다 1시간쯤 뒤에 택배로 온 물건을 찾으러 1층에 내려가게 되었다. 그들은 머리를 식힐 겸 함께 내려갔다. 그리고 물건을 찾고 짧은 순간 아무 말 없이 엘리베이터를 기다리게 되었다.

엘리베이터 문이 열리자 갑자기 그들은 동시에 마주보고 둑이라도 터진 것처럼 이야기하기 시작했다. 그들은 동시에 무언가가 펑하고 터지는 느낌이 들었고, 새로운 아이디어가 끊임없이 샘솟았다.

이 과정을 통해 그들은 마침내 신제품의 멋진 이름을 찾아낼 수 있었다. 신제품의 이름을 창조하는 과정을 공유한 그들은 결과에 매우 만족했다. '사람의 힘'이 그들에게 완벽한 신제품 이름을 찾을 수 있도록 안내한 것이다.

29 "내가 만약 당신이라면……" 이란 **말을 절대 하지 마라**

"내가 만약 당신이라면……"이란 말을 듣게 되면 팀원들은 그 뒤에 어떤 말이 나오든 들으려 하지 않는다. 당신은 결코 그들이 될 수 없다. 팀원들도 그 사실을 알고 있고 당신도 분명히 알고 있다. 당신은 팀원들과 똑같은 문제나 관계, 부담감, 경험을 갖고 있지 않기 때문이다. 그래서 "내가 만약 당신이라면……"이란 말은 반사적으로 부정적인 반응을 일으킨다.

"내가 만약 당신이라면……"이라는 말보다는 당신의 구체적인 경험에 기초한 사례를 사용하라. 그러나 그것을 표현할 때는 주의를 기울여야 한다. 예를 들면 "테라, 나랑 같이 일하던 사람 중에 이와 비슷한 문제를 갖고 있던 사람이 있었어요. 그가 문제를 어떻게 해결했는지 궁금하지 않나요?”와 같은 방식으로 말이다. 이러한 방식은 팀원들이 보다 열린 마음으로 당신의 이야기를 수용하게 만든다. 또한 이 방식을 통해 팀원들은 당신의 제안을 실행하는 데 큰 거부감을 느끼지 않게 된다.

“내가 만약 당신이라면……”이라는 말이 유일하게 허용될 때는 팀원이 이런 유형의 조언을 부탁했을 때 뿐이다. 해당 상황에서 당신이라면 어떻게 대처할지를 듣기 원하는 것이 확실하다면 그때는 이 표현을 써도 괜찮다.

비록 이 말을 사용할 때라도 그들이 당신의 경험과 지식을 자신의 상황을 해결하기 위해 어떻게 사용할 것인지에 대해서도 함께 확인하라. 그 과정을 통해 팀원들은 당신이 한 제안을 다루는 통제력을 갖게 되고, 상황해결을 위한 결정과정에서 부하직원이 아닌 당신과 파트너라는 생각을 하게 될 것이다.

⚓ 사례

트레이시는 처음에 관리자가 되었을 때 항상 “내가 만약 당신이라면……”이라는 말을 사용했다. 왜냐하면 그녀는 자신이 자신의 분야에서 뛰어난 전문가라고 생각했기 때문이다. 그래서 팀원들에게 업무수행방법을 알려줌으로써 더 나은 결과를 얻을 수 있다고 믿었다. 하지만 그녀가 팀원들에게 ‘나’를 강조한 것은 오히려 자신을 팀원들로부터 멀리 밀어내는 결과를 가져왔다.

팀원들은 결코 자신들이 트레이시가 되기를 원하지 않았다. 그들은 그들 자신이길 원했다. 비록 겉으로는 그들이 트레이시의 말을 경청하는 듯 보였어도 그녀의 제안을 실행하지는 않았다.

그런 과정이 계속되자 몇 달 후 트레이시는 팀에서 뛰어난 성과를 내는 사람을 불러 팀원들이 왜 자신의 제안을 실행하지 않는지 물어보았다. 그러자 그는 팀원들이 트레이시의 성공담을 듣는 것을 지겨워한다고 답했다.

그녀는 자신의 방식을 바꿀 필요가 있다고 느꼈다. 그래서 자신의 성공담을 들려주는 대신 먼저 팀원들을 이해하는 시간을 갖기로 했다. 팀원들 개개인에 대해 개인적으로 파악하며 각자 어떤 방식으로 커뮤니케이션하기를 원하는지 알아보았다. 그리고 문제에 대해 자신의 방식이 아닌 그들의 방식으로 창의력을 발휘해 혁신적으로 해결할 수 있도록 옆에서 도와주었다.

그러자 팀원들은 트레이시의 도움으로 문제를 해결하며 강한 성취감을 맛볼 수 있었고, 또한 문제상황을 통제하는 능력도 갖게 되었다.

30 말과 행동을 비교하고 **현실을 확인하라**

주의깊게 보라. 주의깊게 들어라. 그리고 그 둘을 비교하라. 거기서 놀라운 것을 배울 수 있다. 코칭 활동을 훌륭히 해내기 위해서는 지속적으로 현실을 확인하고 다뤄야 한다. 이것을 하기 위한 가장 좋은 방법은 팀원들의 말과 행동을 비교해보는 것이다. 그것은 왜 필요한가?

행동은 약속에 대한 진실을 반영하는 반면 언어는 종종 환상을 만들어내기 때문이다. 생산성을 높이고 팀원들의 잠재능력을 이끌어내기 위해 필요한 계획을 세우려면 현실을 정확하게 다룰 수 있어야 한다.

이것은 바로 사용할 수 있는 간단한 코칭 기술이다. 무성영화를 보듯 팀원들의 행동을 보라. 그들의 행동을 주시하라. 만약 그들의 행동이 말과 일치하지 않는다면 그들이 목표를 진정으로 달성하길 원하는지 다시 확인하라. 그들이 진정으로 목표달성을 원하고 있다면 조정을 통해 그들이 정상궤도로 올라설 수 있도록 도와라. 목표달성을 원하고 있지 않다면 현실에 맞는 새로운 목표를 세워라.

팀원들의 행동은 그들이 진실로 원하는 것이 무엇인지 보여준다. 그들의 행동경향을 통해 그들의 정체성, 원하는 바, 목표달성에 대한 기대 등을 확인할 수 있다.

에일린은 부장에게 새로운 프로젝트를 부여받았다. 그녀는 부장과 함께 관련정보를 검토하면서 주말까지 프로젝트를 완료하기로 했다.

그러나 주중에 부장이 그녀의 진행상황을 점검했을 때, 전혀 목표에 근접하지 못했음을 알게 되었다. 부장은 이번 기회에 그녀의 말과 행동을 비교해 그녀가 처한 현실을 확인해보기로 했다.

에일린은 현재 목표달성을 원하지 않는 것처럼 행동하고 있다. 애초에 그녀는 무리한 약속을 한 것일까? 아니면 그녀는 정직하게 커뮤니케이션하지 않은 것일까? 혹은 그녀가 목표달성하는 것을 누군가 방해하고 있나?

부장은 에일린의 행동을 주의깊게 관찰하고 그녀의 행동을 태도 평가 기준으로 삼았다. 그리고 그녀에게 필요한 조정을 했다. 이 조정에는 그녀의 생각, 감정, 목표달성에 대한 그녀의 약속이 포함되었다.

부장이 제시한 현실에서 보여준 자신의 행동을 확인한 에일린은 어떠한 변명도 할 수 없었다. 이후 그녀는 자신의 행동과 말을 일치시키기 위해 노력했다. 그리고 프로젝트 완수시간이 너무 많이 주어졌음을 알고 자신이 먼저 부장에게 기한을 앞당길 것을 요구했다.

부장은 에일린이 처한 상황의 현실을 보여주기 위해 그녀의 말과 행동이 다름을 지적했다. 이런 방법은 팀원들을 위해 많은 시간을 사용하게 한다.

만약 이 방법이 효과를 발휘하지 못한다면 그것은 팀원들이 이것을 거부하고 있다는 의미이다. 그러나 포기해서는 안 된다. 그들의 말과 행동을 계속 비교하며 현실을 확인한다면 그들은 결국 자신이 처한 현실을 인정하게 될 것이다.

　앞서 소개한 코칭 기술을 이미 알고 있다 해도, 각각의 코칭 기술을 이해하고 익혀서 자신의 것으로 만들지 않으면 소용이 없다. 당신이 익힌 코칭 기술은 당신이 현재 하는 일에 반영되어야 의미가 있다. 또한 그러한 코칭 기술을 습관처럼 사용할 수 있어야 한다. 코칭 기술을 당신의 습관으로 만드는 데 도움이 되도록 이 페이지를 활용하라.

　먼저 각 그림에 일치하는 코칭 기술을 적어라. 그리고 이 코칭 기술을 과거에 사용한 적이 있다면 어떻게 사용했는지, 혹은 앞으로 이 코칭 기술을 어떻게 사용할 것인지 적어보라. 이런 과정을 통해 당신은 보다 더 쉽게 자신의 세계에서 이 코칭 기술들을 사용할 수 있게 될 것이다.

코칭 기술

경험 및 계획

코칭 기술

경험 및 계획

코칭 기술

경험 및 계획

코칭 기술

경험 및 계획

코칭 기술

경험 및 계획

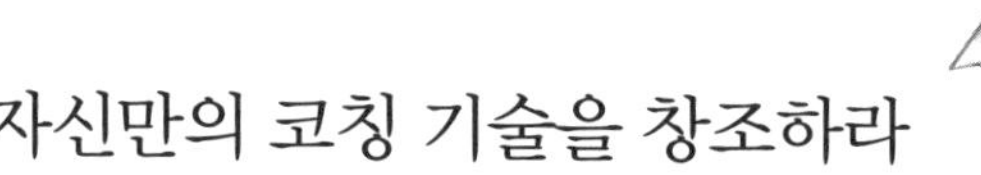

자신만의 코칭 기술을 창조하라

당신은 이제 당신의 팀을 더욱 발전된 다음 단계로 이끌어가며 더 큰 성공을 달성할 수 있는 코칭 기술을 지니게 되었다.

당신 스스로 자신의 새로운 코칭 기술을 기록할 수 있는 공간을 뒤에 마련해놓았다. 거기에 당신이 사용했거나 사용하려 하는 코칭 기술의 제목과 정의, 실생활 사례 및 계획을 적어라.

그 옆에 적절한 이미지도 함께 그려넣어 보라. 이미지를 그리기 위해 뛰어난 그림 솜씨가 필요한 것은 아니다. 내가 직접 그린 이미지를 보며 용기를 내기 바란다.

이 책을 통해 자신에게 적합한 코칭 기술을 끊임없이 개발하며 성공을 향한 당신의 발걸음에 더욱 박차를 가하기 바란다.

 마크 데이빗

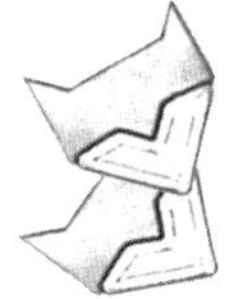

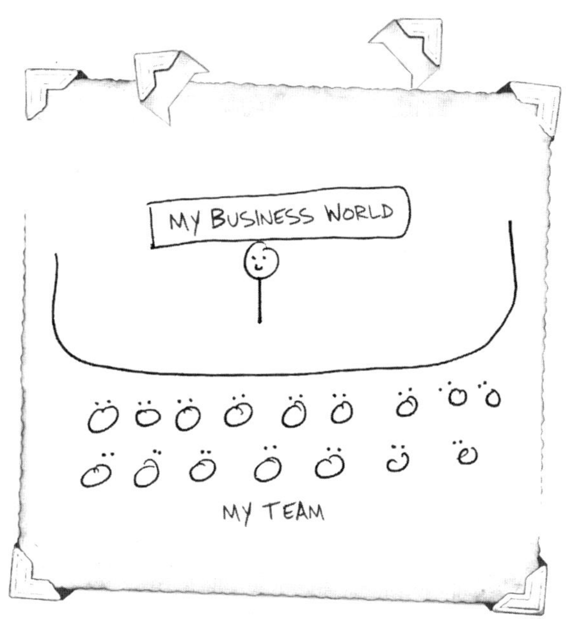

코칭 기술

팀을 위한 역할 모델로 자신을 항상 무대에 세워라.

정의

팀원들은 항상 당신의 행동을 주시한다. 그것은 비록 당신이 혼자 사무실에 있다 해도 마찬가지이다. 이 점을 명심하고 알맞게 행동하라. 이 점을 인식하면 당신의 행동을 통해 팀원들에게 많은 것을 가르칠 수 있다. 팀원들의 역할 모델로서 자신이 항상 무대에 서 있다는 사실을 기억하라.

실생활 사례

나는 우리 회사를 완전히 새로운 수준으로 끌어올릴 수 있는 전망을 가진 프로젝트를 진행하는 과정에서 판매 전문가들 중 한 명과 함께 일했다.

우리는 계약을 체결하고 거래를 했다. 그러나 계약을 다시 검토했을 때 높은 비용과 관련한 재정 항목을 빠뜨린 것을 알게 되었다. 판매 전문가는 내게 비용을 부담할 것을 제안했다.

우리 회사의 서비스는 비용을 중시하기에 나는 그 제안을 거절했다. 그리고 고객에게 전화를 걸어 상황을 설명했다. 그는 비록 우리가 실수하기는 했으나 그것을 정직하게 알렸으므로 다시 조정할 것을 허락했다.

나는 회사 전체의 역할 모델로서 행동했고 판매 전문가는 나의 행동을 통해 실수는 정직하게 인정하는 것이 중요하다는 사실을 배울 수 있었다.

코칭 기술

정의

실생활 사례

코칭 기술

정의

실생활 사례

코칭 기술

정의

실생활 사례

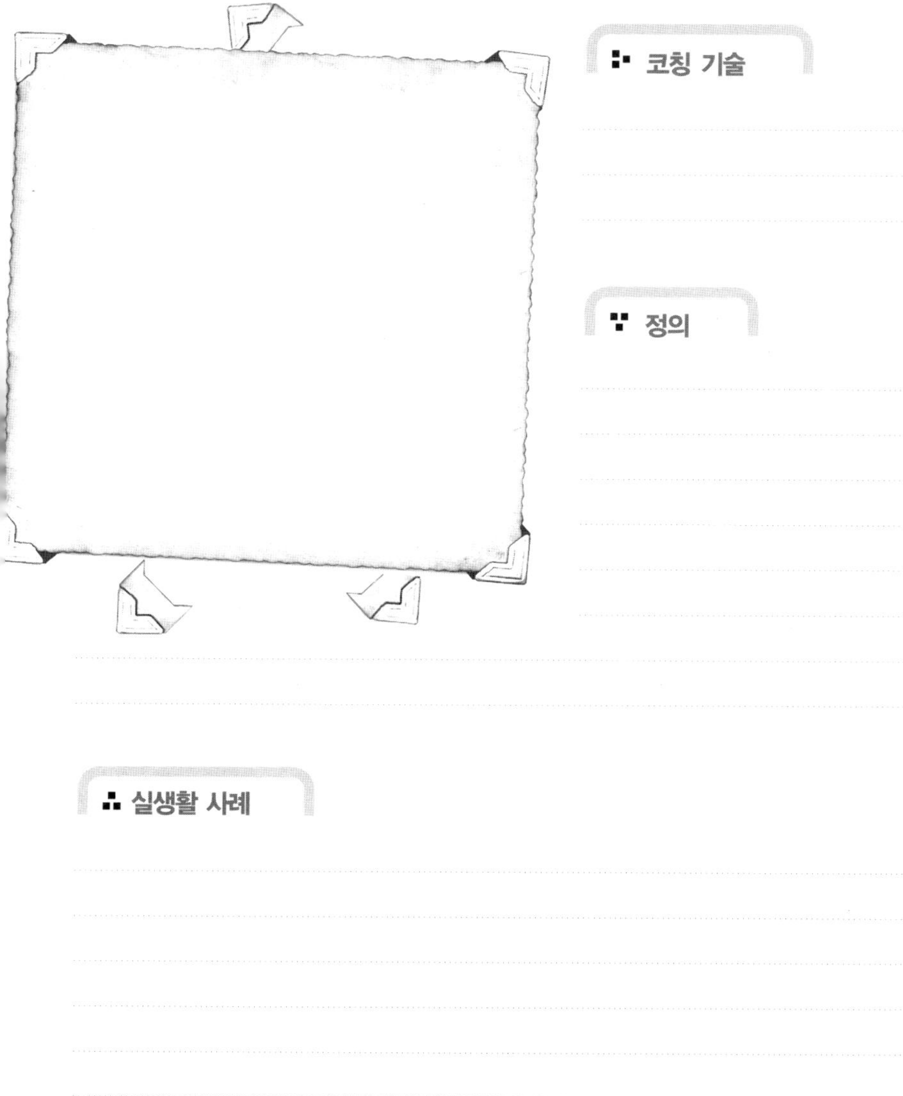

코칭 기술

정의

실생활 사례

Coaching
&
Coaching Workshop 안내

Coaching & Coaching Workshop 개요

이 책에 소개된 30개의 코칭 기술을 활용한 1 : 1 코칭, 코칭 스킬 향상을 위한 세미나와 워크숍, 코칭 특강 등을 Mark David사의 인증 코치인 ㈜META Consulting과 META 코칭 센터의 코칭 전문가 집단이 제공합니다.

㈜META Consulting과 META 코칭 센터의 코치들이 제공하는 차별화된 세계적인 코칭 서비스를 통해 최단시간에 조직과 개인의 변화와 최고의 성과를 창출하길 바랍니다.

Coaching & Coaching Workshop

1. 1:1 Coaching(Executive Coaching)

최고의 코칭 효과는 1 : 1 코칭에서 경험할 수 있습니다. 조직 내외의 급격한 변화 및 내적 욕구에 따른 클라이언트의 과제와 문제를 해결하고 성장과 발전을 보장하는 최고의 코칭 서비스인 1 : 1 코칭은 특히 임원 코칭에 효과적입니다.

2. C4P(Coaching for Performance) Workshop

리더 및 관리자를 위한 성과관리 코칭 워크숍인 C4P는 코칭의 기본 과정으로 코칭의 본질 및 코칭의 4가지 기본 스킬을 습득시키는 1일 워크숍입니다.

3. CAP(Coach Approach Program) Workshop

코칭 스킬 워크숍인 CAP는 C4P의 향상 과정으로서 C4P를 경험한 리더와 관리자들의 성과관리를 위한 프로그램입니다. 본 과정에서는 팀과 개인의 강점과 약점을 중심으로 실제 성과(performance)를 향상시켜 드립니다.

4. NLP Coaching Workshop

국내 최고의 NLP 트레이너와 마스터 프랙티셔너가 진행하는 NLP Coaching Workshop에서는 신경언어 프로그래밍(Neuro Linguistic Programming)의 핵심 기법들을 적용하여 참가자들의 다양하고 심층적인 욕구를 충족시켜 드립니다.

프로그램 도입 및 참가 문의

▶ www.metaconsulting.co.kr

▶ ㈜META Consulting / META 코칭 센터 02-843-7107